AF439004

GARDE ROYALE.

CHEVAU-LÉGERS-LANCIERS.

INSTRUCTION

A L'USAGE

DES MARÉCHAUX DES LOGIS
ET BRIGADIERS

DU RÉGIMENT DES LANCIERS DE LA GARDE,

CONTENANT

Le Service intérieur, le Service de campagne, les Principes généraux de Cavalerie, l'Ordonnance de la Lance, etc. etc.

A MELUN,

Chez Michelin, Imprimeur-Libr., rue de l'Hôtel-de-ville, N.º 21.

1815.

les fera habiller en tenue d'écurie , fera tendre les couvertures des lits , et fera ouvrir les fenêtres.

A l'appel , il descendra avec les hommes de sa chambrée , les fera mettre à leur rang , et répondra pour les lanciers de sa chambrée qui ne seraient point présens , dira au maréchal des logis les causes de leur absence.

Aussitôt l'appel , s'il n'y a pas d'ordre à donner , le maréchal des logis commandera : *A vos chevaux.*

Les brigadiers et lanciers ôteront les licols de leurs chevaux , et l'attacheront à un des bourgeons du râtelier par la sous-gorge , laquelle ils boucleront sans mettre le passant. Ils mettront le bridon à leurs chevaux , et les sortiront de l'écurie si le temps le permet.

Manière de panser un cheval.

Le lancier déposera ses effets d'écurie à deux pas derrière son cheval ; il prendra son peigne, peignera la crinière du cheval , afin d'en ôter l'ordure et la poussière qu'il a amassées en prenant sa nourriture ; il se servira ensuite de son époussette qu'il tiendra par un des coins, commencera par épousseter la tête du cheval , l'encolure, le corps, les cuisses et les jambes; il prendra son étrille avec la main droite , de la gauche il tiendra la queue du cheval , ensuite il étrillera à rebrousse-poil , allant le long du corps à grands coups allongés en déployant le bras sans appuyer rudement , et finira aux oreilles. Il faut, après cinq à six coups d'étrille , la secouer en frappant le marteau à terre pour en faire sortir la poussière.

Après avoir étrillé tout le côté droit, il étrillera le gauche , commençant toujours par la croupe, et tenant au contraire l'étrille de la main gauche ; il se servira des mêmes moyens que pour la droite, observant d'étriller sous la crinière après l'avoir relevée ; il ne cessera d'étriller que quand l'étrille n'emmenera plus de crasse ni de poussière, et observera de ne jamais passer l'étrille sur la tête , les jambes et l'épine du dos.

Quand le cheval sera bien étrillé, le lancier prendra l'époussette, époussetera légèrement tout le corps , s'en servira pour nétoyer les oreilles en dedans et en dehors, frotter la tête , la ganache , les jambes de devant, le poitrail, les cuisses, et par-tout où l'étrille ne peut passer.

Le cheval étant bien époussété, il prendra un bouchon de paille ou de foin mouillé légèrement, le passera à contre-poil sur tout le corps, principalement sur les jambes, le long des nerfs, les cuisses, ainsi que les paturons : il se servira ensuite de l'époussette de la même manière dont il est déjà parlé.

Cela fait, le lancier prendra la brosse avec la main droite ; la gauche tiendra l'étrille : il brossera son cheval en commençant par la tête, ayant soin de pousser la têtière du bridon en arrière ; il reviendra ensuite à la partie postérieure, commençant par le côté droit ; il conduira la brosse, à poil et contre-poil, sur toutes les parties du corps ; à chaque coup de brosse, il la passera sur l'étrille pour la nétoyer : le cheval étant bien brossé, il l'époussetera.

Le lancier fera après l'usage du peigne, peignera le toupet, la crinière, et la queue dont il aura soin de peigner le tronçon à fond ; ensuite il la saisira au-dessous à pleine main avec la gauche, à six pouces du bout du fouet, afin de la démêler parfaitement sans arracher le crin. En été et depuis le printemps, on se servira de l'éponge à chaque fois que l'on passera le peigne qui doit être tenu avec la main gauche, afin de mouiller et nétoyer la racine des crins. La crinière sera peignée et mouillée à droite et à gauche ; l'éponge sera de même passée sur le toupet et le tronçon de la queue ; on s'en servira aussi pour laver les yeux au cheval, ainsi que les nazeaux : on passera encore l'époussette sur toutes les parties du corps, pour unir le poil.

Devoirs à suivre par les Maréchaux des logis et Brigadiers. — Fin du Devoir des écuries du matin ; Devoirs des Brigadiers de retour dans leur chambrée ; Service du jour à suivre ; ce que doit observer le Maréchal des logis.

Lorsque l'heure du pansage des chevaux sera écoulée, il sera sonné un appel qui sera le signal pour conduire les chevaux à l'abreuvoir.

A ce signal, les maréchaux des logis feront sauter les lanciers à cheval ; ils se mettront à la tête ainsi qu'à la queue de leur compagnie pour la conduire en bon ordre à l'abreuvoir. Ainsi formés, ils se mettront en mouvement quand l'ordre leur en sera donné. Ils auront soin de conduire les chevaux de main, un jour à droite, un jour à gauche. Au retour de l'abreuvoir, et aussitôt la rentrée des chevaux à l'écurie, les maréchaux des logis s'attacheront à ce que les lanciers nétoient les jambes des chevaux si elles sont mouillées. On donnera ensuite l'avoine de trois en trois; un lancier sera placé entre les chevaux, et par ordinaire de trois, pour les empêcher de se battre, et observer s'il n'y en a pas qui refusent de manger ; dans ce dernier cas, ce même lancier doit en prévenir le maréchal des logis. Celui-ci doit sur-le-champ en prévenir le maréchal expert du régiment.

Les chevaux ayant mangé l'avoine, le maréchal des logis de semaine fera le commandement : *Jetez la paille.* (Cette paille aura dû être donnée et distribuée d'avance derrière chaque ordinaire.)

Les lanciers, chargés de la propreté des écuries, donneront ensuite un coup de balai derrière les chevaux : on tendra les chaînes, on fermera les portes, et les lanciers rentzeront dans les chambres.

De retour à la chambre, le brigadier fera faire les lits, habiller les hommes de service, et s'assurera lui-même qu'il ne leur manque rien dans la tenue. Il fera raser les lanciers trois fois par semaine.

Les lits faits, les lanciers peignés, chacun balaiera sous son lit : le cuisinier balaiera la chambre.

A dix heures, on mangera la soupe. Les lanciers ôteront la poussière des bottes, gibernes, schapskas, fusils, sabres, pistolets et brides; ils vergetteront leurs porte-manteaux et la doublure de l'habit qui serait sous le porte-manteau.

A l'heure de la soupe et même avant, les maréchaux des logis feront la revue des chambres de leur subdivision, et s'assureront que tout soit dans l'ordre prescrit.

A l'heure de la garde, le brigadier fera descendre les hommes de service, en passera l'inspection, et les conduira au maréchal des logis de semaine qui passera une seconde inspection. Ce même

maréchal des logis punira le brigadier , s'il trouve les hommes mal
tenus ; il les conduira ensuite sur la place , et restera jusqu'à la défilée : il prendra l'ordre , en fera part de suite aux officiers et aux
chambrées de la compagnie.

Les brigadiers s'assureront que les hommes descendant de service
s'occupent de suite à mettre dans la plus grande propreté leurs armes
et équipemens.

Après la garde , le brigadier fourrier se rendra aux écuries, ac-
compagné du maréchal des logis de semaine , ainsi que du brigadier et des lanciers commandés pour donner à manger aux chevaux.
On donnera aux chevaux la ration destinée à leur dîner : cette ration
sera distribuée de manière que les chevaux d'un ordinaire ne puissent
pas manger avec ceux d'un autre.

Un instant avant l'appel des écuries du soir, le brigadier fera
mettre en tenue d'écurie tous les lanciers de sa chambrée ; sitôt
l'appel sonné , il descendra avec eux , les fera mettre à leur rang, et
le maréchal des logis en fera l'appel.

Le service des écuries du soir sera comme celui du matin , ex-
cepté les jours de manœuvre où l'on pansera plus long-temps les
chevaux.

Après les écuries , les lanciers mangeront la soupe ; après la
soupe , le brigadier s'occupera de montrer à ses lanciers à démon-
ter leurs armes, bride , selle ; il leur apprendra les noms de toutes
les parties et leurs propriétés ; ensuite les devoirs des sentinelles ,
en un mot, tout ce qui est relatif au service du lancier.

Service du soir. — Du Souper des chevaux ; et quelques autres Devoirs.

A l'heure marquée et au signal du trompette, le brigadier fourrier, le maréchal des logis et brigadier de semaine , ainsi que le
lancier commandé pour le service des écuries, se rendront à l'é-
curie pour donner à souper aux chevaux. Le maréchal des logis
s'assurera que les chevaux soient parfaitement balayés, et la litière bien étendue. Sitôt le souper donné , ils rentreront à leur
chambre. Le maréchal des logis chef fera ensuite l'appel au signal
indiqué vis-à-vis le quartier, et dans les écuries quand il fera mauvais temps.

Les brigadiers répondront pour les lanciers de leur chambrée qui ne seraient pas présens ; ils feront coucher les lanciers et éteindre les lumières une demi-heure après l'appel. Les brigadiers sont responsables envers leurs officiers, de la bonne tenue et de la conduite des lanciers de leur chambrée ; ils doivent en étudier le caractère, connaître leurs moyens, connaître les dépenses qu'ils font, et s'assurer d'où vient l'argent qu'ils dépensent. Si quelqu'un s'écartait des devoirs de l'honneur, ils doivent en prévenir de suite le maréchal des logis de la subdivision, qui est personnellement chargé d'en instruire son officier.

Le brigadier d'une chambrée doit être surveillant et attentif ; il doit prévenir par sa surveillance toutes les rixes qui pourraient survenir dans sa chambrée et dans sa compagnie.

Les porte-manteaux doivent toujours être faits et les manteaux pliés, et les autres effets rangés de manière a les trouver sous la main en cas d'alerte.

Le nom de chaque homme doit être marqué a la tête du lit et du côté où couche le lancier.

En cas de contre-appel, le brigadier doit faire une petite liste des hommes qui seraient absens de sa chambrée, en dénommant les causes de leur absence, et mettre cette liste au milieu de la table, afin que le maréchal des logis, l'adjudant ou l'officier faisant leur contre-appel, en soient instruits sans éveiller personne.

Les maréchaux des logis et brigadiers de semaine ne doivent jamais quitter le quartier ; si des affaires particulières exigeaient qu'ils sortissent, ils doivent se faire remplacer par un de leurs camarades, et lui remettre le contrôle de la compagnie.

Toutes les fois qu'on sonnera à l'ordre, il faut que le maréchal des logis et le brigadier de semaine de chaque compagnie se rendent au rendez-vous pour recevoir l'ordre ; un pour le faire et exécuter, et l'autre pour en prévenir ses officiers, si l'ordre nécessitait leur présence.

Service des Gardes d'écurie.

Les gardes d'écurie seront relevés tous les jours à onze heures et demie, en présence du brigadier de semaine ; ils se consigneront de l'un à l'autre les effets d'écurie. Le brigadier vérifiera l'état dans lequel ils se les remettront. En cas de dégradation, il en préviendra le maréchal des logis de semaine, qui s'assurera si elles ont été faites par les gardes descendantes, et s'il y a de leur faute. Ils se donneront l'un à l'autre tous les renseignemens nécessaires pour prévenir les accidens. Sitôt qu'ils s'apercevront qu'un cheval ne mange point, qu'il a la tête basse, l'œil morne, triste, ils en préviendront le brigadier de semaine, qui de suite en instruira l'artiste-vétérinaire ; de même que si un cheval recevait un coup de pied, ou se roulait continuellement, ce qui indiquerait qu'il a des coliques ou tranchées. Ils entretiendront soigneusement les lampes allumées, et empêcheront que personne n'entre avec du feu, ou ne fume dans les écuries. Ils seront prompts à se porter vers les chevaux qui feraient le moindre bruit, afin de prévenir les accidens qui pourraient en survenir.

Ils veilleront à ce qu'ils ne soient point embarrassés dans leurs longes ou barres, et feront de fréquentes visites pour s'en assurer.

Les gardes d'écurie tiendront l'écurie dans le plus grand état de propreté ; ils ne laisseront jamais séjourner dans l'écurie, ni urine ni crottin ; à mesure qu'un cheval aura uriné ou fienté, ils le balaieront, releveront soigneusement la litière en la séparant du crottin.

Les maréchaux des logis et brigadiers de semaine feront de fréquentes rondes dans leurs écuries, pour s'assurer que les gardes remplissent exactement leurs devoirs : les sous-officiers de police auront la même surveillance sur tout le régiment ; leurs rondes seront très-multipliées pendant la nuit.

Les effets seront rangés de manière à ne pas traîner dans l'écurie ; les gardes ne sortiront que pour aller manger, et auront soin de bien fermer les portes ou de tendre les chaînes. Le commandant de la garde de police enverra des hommes de garde pour veiller aux écuries pendant la soupe.

Service des Gardes.

Après l'inspection, l'adjudant placera les commandans des différens postes, leur fera connaître la troupe qu'ils auront à commander, et le poste qu'ils doivent relever.

Après la parade défilée , le commandant du poste passera sur le flanc gauche de son poste et à hauteur de la première file ; lorsqu'il les aura fait rompre par le flanc , il commandera le pas accéléré, et fera mettre l'arme au bras.

Arrivé à trente pas du poste qu'il doit occuper , il fera porter les armes et marcher le pas ordinaire ; s'il y avait un trompette, il sonnerait la marche.

La nouvelle garde se formera à gauche de l'ancienne, en laissant un petit intervalle et sur le même alignement. Le sous-officier commandant le poste se placera à droite. Si la garde n'est composée que de huit ou dix hommes, il la mettra sur un seul rang ; et si elle excède ce nombre , il la mettra sur deux, et toutes les fois que les gardes prendront les armes ou se mettront hors du corps-de-garde, elles se rangeront dans le même ordre.

Les commandans des deux gardes s'avanceront l'un vers l'autre ; celui de la garde descendante donnera la consigne à celui de la garde montante.

Le commandant de la nouvelle garde, si c'est un maréchal des logis, ordonnera au premier brigadier d'aller prendre possession du corps-de-garde, et ce brigadier sera nommé brigadier de consigne du poste.

Dans les petits postes qui seront commandés par un brigadier , ledit brigadier prendra lui-même possession du corps-de-garde , et sera en même temps brigadier de consigne.

Il pourra se faire aider pour poser les sentinelles par le plus ancien lancier de la garde.

Après que la visite du poste aura été faite par les brigadiers de la nouvelle et de l'ancienne garde , et qu'ils les auront rejoints , le commandant de la garde montante désignera les sentinelles par nombre ; après , il commandera et fera sortir du rang le nombre de sentinelles nécessaires pour relever les sentinelles du poste ; ils se formeront sur un rang en avant de la garde.

Le brigadier de consigne de la garde descendante et celui de la garde montante iront ensemble relever les sentinelles ; les brigadiers porteront l'arme au bras droit, et les sentinelles porteront leur arme.

Le brigadier commencera par relever la sentinelle de devant les armes, qui ne sera pas tenue de le suivre ; il ira ensuite relever les sentinelles les plus éloignées, qui, après avoir été relevées, le suivront jusqu'au poste.

Les sentinelles, en se relevant, se présenteront les armes l'une à l'autre au commandement du brigadier qui commandera : *A droite et à gauche, Présentez — armes*. Elles se donneront la consigne en présence du brigadier de la garde montante et de celui de la garde descendante, qui s'avanceront pour l'entendre donner ; les sentinelles qui ne seront pas encore posées, ou celles qui seraient déjà relevées, s'arrêteront six pas derrière eux : cette manière sera suivie pour toutes les poses.

La consigne étant donnée, les brigadiers feront deux commandemens : *Portez — armes : Marche*.

Au premier commandement, l'ancienne et la nouvelle sentinelle porteront les armes : au deuxième commandement, le brigadier et l'ancienne sentinelle rejoindront les autres pour continuer la pose ou retourner au poste. Pour toutes les poses, on suivra les mêmes principes.

Pendant qu'on relevera les sentinelles, les commandans des deux postes relèveront ensemble toutes les avenues du poste ; et celui qui relèvera, prendra de l'autre les renseignemens nécessaires sur les consignes et sur le service du poste.

Le commandant de l'ancienne garde, ayant rassemblé toutes les sentinelles, les fera mettre dans les rangs, et se mettra en marche. S'il y a un trompette, il sonnera la marche.

Lorsqu'il sera à cinquante pas du poste, il fera remettre la baïonnette, et porter l'arme au bras ; ou il fera mettre le sabre dans le fourreau, et conduira son poste au quartier en ordre.

Après le départ de l'ancienne garde, le commandant de la nouvelle garde lui fera faire demi-tour à droite, ensuite haut-les-armes, et fera placer les armes au râtelier du corps-de-garde.

Aussitôt la garde rentrée, le commandant du poste lira avec soin les consignes générales et particulières données à son poste, et ira visiter ses sentinelles.

Il enverra chercher par des lanciers le bois et les chandelles qui devront être fournis pour le corps-de-garde. Les lanciers tireront entr'eux pour cette corvée ; ceux à qui le sort sera échu, la feront en bonnet, conservant leur giberne pour marque de service. .

Le commandant de la garde sera obligé de rester à son poste et d'y faire ses repas, sans pouvoir s'en éloigner sous quelque prétexte que ce soit ; il ne quittera point ses armes pendant tout le temps qu'il sera de garde.

Il veillera, pendant la durée de la garde, sur tous les lanciers de son poste, pour leur faire remplir tous leurs devoirs.

Il fera faire l'appel de sa garde, toutes les fois qu'on relevera les sentinelles.

Il ne permettra à aucun lancier de s'écarter, lesdits lanciers devant se faire apporter à manger par leurs camarades.

Les lanciers, qui mériteraient d'être punis, seront condamnés, pour les fautes ordinaires, à faire les corvées de la garde; et, dans les cas graves, le commandant du poste les fera arrêter, et en rendra compte à ses chefs.

Nul lancier étant de garde ne pourra être arrêté sans la participation du commandant du poste.

Pour ce qui regarde les gardes à cheval, le commandant du poste enverra à l'abreuvoir aux heures qui seront fixées ; il observera de n'y envoyer jamais qu'une portion de sa garde à la fois. Il veillera à ce que les chevaux reçoivent exactement leur nourriture et ordonnera l'heure des repas, en se conformant à l'usage suivi dans son régiment.

Il ne sera jamais posé de vedette dans l'intérieur d'une place, hors les cas indispensables.

La garde à cheval d'une place d'armes fournira devant son poste une sentinelle à pied.

Les sentinelles seront relevées de deux heures en deux heures.

Pendant les fortes gelées, elles seront relevées d'heure en heure.

Aucune sentinelle ne partira d'un poste sans être présentée au commandant : celui-ci s'assurera si les armes sont en bon état; il réglera, avant leur départ, les lieux où chacune d'elles devra être posée.

Les plus vieux lanciers seront mis en faction devant les armes et aux postes avancés, et ceux des recrues dans les postes voisins de la garde, pour pouvoir les surveiller et les instruire sur leurs devoirs.

En cas d'alarme, toutes les gardes prendront les armes ou monteront à cheval ; si c'est pendant le jour, les sous-officiers de garde aux portes d'une ville feront fermer sur-le-champ les barrières et les ponts-levis de l'avancée , et en donneront avis au commandant de la place.

Toutes les gardes, soit à pied, soit à cheval, se conformeront , au surplus, selon l'espèce d'alarmes, aux consignes particulières qui auront été données à leur poste.

En cas d'incendie , le commandant du premier poste où l'on s'en apercevra , enverra sur-le-champ un brigadier et deux lanciers pour voir si le feu est dangereux ; et, s'il paraît tel au brigadier , il l'enverra dire sur-le-champ au commandant du poste , qui enverra un brigadier, ou le plus ancien lancier et quatre ou six hommes de son poste, suivant sa force , pour empêcher le désordre et faciliter les premiers secours : ils n'en laisseront approcher que ceux qui porteront des seaux, des pompes, des échelles ou autres instrumens pour éteindre le feu.

Les commandans des postes à cheval se conduiront, dans le même cas, ainsi qu'il est prescrit ci-dessus aux postes à pied.

Devoirs des Sentinelles.

Les sentinelles ne se laisseront jamais relever ou donner de nouvelles consignes que par les brigadiers de leur poste.

Les sentinelles, pendant le temps qu'elles seront en faction , ne pourront jamais quitter leurs armes ; pendant le mauvais temps , elles porteront l'arme sous le bras gauche. Elles ne pourront pas s'asseoir , lire, chanter, siffler, ou parler à personne sans nécessité , ni, en se promenant, s'écarter de leur poste à plus de trente pas.

Les sentinelles ne souffriront pas qu'il se fasse aucune ordure ou dégradation aux environs de leur poste.

Les sentinelles s'arrêteront , feront face en tête, et porteront les armes , lorsqu'il passera à côté d'elles, soit une troupe, soit des officiers , de quelque régiment qu'ils soient ; elles présenteront les armes aux officiers généraux et aux officiers supérieurs de leur régiment.

Les sentinelles présenteront l'arme pendant la nuit , quand les rondes et patrouilles passeront ; et quand elles le jugeront nécessaire , elles se mettront en état de défense.

Les sentinelles qui seront posées devant un magasin à poudre , feront faction avec le sabre , et poseront le fusil ou carabine dans la guérite.

Les sentinelles se tiendront fort alertes à observer de plus loin qu'elles pourront , tout ce qui se passera à portée de leur poste ; elles ne resteront dans leur guérite que pendant le mauvais temps ; elles en sortiront toutes les fois qu'elles verront s'approcher d'elles pendant le jour, un officier général ou supérieur, et pendant la nuit, une troupe, quelle qu'elle soit.

Lorsqu'une sentinelle entendra quelqu'un en querelle auprès de son poste , elle criera : *A la garde !*

Si les sentinelles aperçoivent quelque incendie, elles crieront : *Au feu !*

Les sentinelles posées devant les armes avertiront promptement lorsqu'elles apercevront un officier général , le commandant de la place , ou autres pour lesquels la garde devra prendre les armes ou se mettre hors du corps-de-garde.

Quand la garde devra prendre les armes , la sentinelle criera : *Aux armes !* Et quand la garde devra sortir sans armes, la senti-nelle criera : *Hors la garde !*

Les sentinelles qui garderont un magasin , quel qu'il soit , ne laisseront entrer personne , sans que le commandant du poste en soit averti , lequel donnera l'ordre d'y laisser entrer s'il le juge con-venable.

Les sentinelles ne se laisseront jamais approcher de trop près par qui que ce soit , et particulièrement pendant la nuit ; à cet effet , elles feront passer, autant que possible, les allans et venans du côté opposé à celui où elles seront posées.

Lorsque la nuit sera fermée , les sentinelles crieront d'une voix forte : *Qui vive ?* Elles ne laisseront passer personne qu'il ne leur ait été répondu d'une façon à se faire connaître.

Si, après qu'une sentinelle aura crié trois fois *qui vive*, on con-tinue de s'approcher d'elle sans répondre , elle criera : *Halte-là ;* et avertira qu'elle va faire feu : si l'on continue de s'avancer, elle tirera et appellera la garde.

Les sentinelles qui seront placées sur les remparts , ne laisseront passer, pendant la nuit, absolument que les rondes et les pa-trouilles.

Lorsque la sentinelle d'un poste apercevra une ronde ou une patrouille, elle criera : *Qui vive ?* Si cette ronde s'annonce comme ronde-major, ou comme ronde de commandant, elle criera : *Brigadier, hors la garde ; Ronde de commandant.* Si c'est une patrouille, elle criera au contraire : *Hors la garde ; Patrouille.*

Le brigadier sortira alors du corps-de-garde se faisant éclairer par un lancier, s'approchera de la sentinelle qui sera devant les armes et criera : *Qui vive ?* Lorsqu'il aura été répondu, et qu'il aura reconnu la ronde ou patrouille, il criera : *Avance, qui a l'ordre !* présentera ses armes pour se mettre en défense contre celui qui s'avancera, en recevra le mot d'ordre ; s'il n'était point conforme à celui du jour, il s'opposerait au passage.

On se conformera de plus, pour la reconnaissance des rondes, aux devoirs prescrits dans le titre des rondes.

Dès que la sentinelle placée à l'avancée des postes placés aux portes, découvrira une troupe, elle appellera la garde qui prendra les armes sur-le-champ, et fermera la première barrière.

Lorsque ladite troupe sera environ à trois cents pas du glacis ou de la barrière, le commandant du poste l'enverra reconnaître par quatre lanciers, et avec un brigadier, lequel s'avancera jusqu'à trente pas en avant des sentinelles ; et, lorsque la troupe qu'il voudra reconnaître sera à portée de l'entendre, il fera faire haut les armes, et criera : *Qui vive ?* Lui ayant été répondu : FRANCE, il criera : *De quel régiment ?* Et, quelque réponse qui lui ait été faite, il criera : *Halte-là !* Si, après l'avoir répété une troisième fois, la troupe avançait toujours, il fera faire feu sur elle, et se retirera derrière la barrière.

Si, au contraire, la troupe s'arrète, le brigadier, quand bien même elle se serait dite un régiment, bataillon ou toute autre troupe, s'avancera seul pour la reconnaître de plus près, ne devant se fier ni à l'uniforme, ni aux autres marques distinctives, et mènera le commandant au commandant de son poste, lequel examinera ledit officier, et rendra compte au commandant de la place de l'arrivée de cette troupe, qu'il ne laissera entrer que par un ordre par écrit de ce même commandant.

Lorsqu'il se présentera des voitures pour entrer dans une place, la sentinelle, placée à l'avancée ou à la barrière des postes placés aux portes , criera : *Arrêtez là-bas ;* ce qui sera répété, de sentinelle en sentinelle , jusqu'à celle de la porte de la place. Cette dernière sentinelle empêchera alors toute voiture de sortir; et , s'il n'y en a point entre les portes, elle criera : *Marche ;* ce qui sera répété , de sentinelle en sentinelle , jusqu'à celle de l'avancée , qui fera défiler les voitures de distance en distance , de manière que tous les ponts ne soient pas embarrassés en même-temps , et que l'on puisse toujours en lever un en cas de besoin.

Les sentinelles ne souffriront point qu'aucune voiture s'arrête entre les portes , ni sur les ponts-levis , ou sous les arcs , grilles ou herses ; et elles empêcheront aussi de trotter ou galoper sur les ponts-levis.

Pendant que les voitures du dehors entreront, la sentinelle de la porte fera ranger les voitures qui se présenteront pour sortir, de manière qu'elles n'embarrassent point le passage.

Lorsque toutes les voitures arrivantes seront passées , ladite sentinelle criera à son tour : *Arrêtez là-bas !* Ces paroles étant passées à la sentinelle de l'avancée , elle répondra : *Marche !* Alors la sentinelle de la porte fera mettre en marche les voitures qui voudront sortir , avec les précautions ci-dessus détaillées.

Des Patrouilles.

Les commandans de patrouille arrêteront toutes les personnes qui pourraient avoir des débats et querelles ; ils les conduiront au corps-de-garde de la place : à leur retour au poste d'où ils sont sortis, ils en rendront compte au chef.

Ils arrêteront les lanciers qui feront du désordre , ou qui, après la retraite sonnée, se trouveraient dans les rues ou cabarets, sans être munis d'une permission.

Les bourgeois, qui commettront des désordres, seront aussi arrêtés et conduits au corps-de-garde de la place.

Le commandant de patrouille rendra compte, en rentrant à son poste , de ce qu'il aura aperçu de contraire à la tranquillité et au repos public.

Des Rondes.

Les maréchaux des logis commandés pour faire la ronde, prendront le mot d'odre du maréchal des logis du poste d'où ils devront partir pour la commencer.

Les rondes partiront du poste qui sera désigné par le commandaut de la place, et feront le tour du rempart en entier.

Les maréchaux des logis de ronde, signeront leur nom sur les registres qui se trouveront dans les corps-de-garde désignés à cet effet. Ils auront soin d'indiquer l'heure de leur passage, et auront grande attention, en signant sur le registre, de ne point laisser d'intervalle entre leur nom et le nom de ceux qui ont déjà signé.

Il y aura d'autres corps-de-garde, où, indépendamment de leur signature, ils laisseront un marron qui aura dû leur être remis.

Les maréchaux des logis de ronde seront tenus de faire porter un fallot, qui leur sera fourni, avec la chandelle nécessaire, par le poste où ils devront commencer à faire leur ronde, et qu'il seront tenus d'y rapporter lorsqu'elle sera finie.

Les maréchaux des logis, dans leur ronde, examineront si les sentinelles sont bien exactes à leurs factions, s'il n'y en a point d'endormies, et s'il n'en manque point; s'ils en trouvent en faute, ils avertiront les commandans des postes auxquelles elles appartiennent.

Toutes les fois que les maréchaux des logis de ronde devront donner ou recevoir le mot d'ordre, ils mettront la main sur la garde de leur sabre.

Lorsque les rondes se rencontreront, la première qui découvrira l'autre, criera : *Qui vive ?* L'autre répondra : *Ronde*, en désignant de quelle espèce. La première s'annoncera ensuite ; et, lorsqu'elles se joindront, celle qui aura été reconnue la première donnera le mot d'ordre à l'autre.

Lorsqu'une ronde approchera d'un poste, la sentinelle criera : *Qui vive ?* et lui ayant été répondu : *Ronde de commandant* ou *Ronde-major*, elle criera : *Halte-là !* et avertira ensuite le brigadier, en criant : *Brigadier, hors la garde ; Ronde de commandant* ou *Ronde-major*. Le brigadier en avertira aussitôt le commandant du poste, qui fera prendre les armes à toute sa garde.

Ledit commandant du poste, après avoir fait reconnaître la ronde, s'avancera à dix pas en avant de sa garde, éclairé par le brigadier, et escorté par quatre lanciers qui feront *haut les armes* , et marcheront deux pas en arrière ; il criera ensuite : *Avance à l'ordre !* Il recevra le mot d'ordre dans les formes ci-dessus prescrites.

Il en sera usé de même pour les officiers supérieurs qui feron[t] la visite du poste pendant la nuit, lesquels, après avoir répondu au *qui vive, colonel* ou *chef d'escadron de service,* seront reçus comme la première ronde-major.

Lorsque le commandant du poste aura donné le mot, il rendra compte à l'officier supérieur, et lui donnera une nouvelle escorte, l'ancienne devant alors retourner à son poste.

A la première ronde-major, appelée *Ronde-Major,* les commandans des postes lui donneront le mot d'ordre, ne s'avançant qu'à quatre pas en avant de leur garde, accompagnés de deux lanciers seulement.

SERVICE EN CAMPAGNE.

Devoirs d'un Brigadier chargé de poser les Vedettes.

Avant que les vedettes partent du poste , le brigadier fera l'inspection la plus scrupuleuse des hommes destinés à être placés en vedettes , afin d'être assuré que leurs armes soient en bon état, et que la poudre des bassinets ne soit pas mouillée. Il examinera si les chevaux sont bien sanglés. Cette inspection faite, le brigadier présentera les vedettes au commandant du poste, qui s'assurera par lui-même si elles sont en état de servir. Après l'inspection du commandant, le brigadier se mettra, le sabre à la main, à la tête des vedettes, et il ira les poser de manière que les plus anciens lanciers et les plus intelligens soient aux points les plus intéressans.

Arrivé à dix ou douze pas de la vedette qu'il veut relever, le brigadier fera arrêter sa troupe , et s'avancera seul près de cette vedette avec l'homme qu'il doit relever ; il fera donner la consigne par l'ancienne vedette à la nouvelle , qui , après l'avoir reçue, la répétera au brigadier, pour s'assurer qu'elle est bien entendue. Il relevera dans le même ordre toutes les autres qui le suivront pendant sa marche , et les ramènera au poste.

Si des circonstances exigent que le brigadier donne une nouvelle consigne , il en rendra compte, à son retour , au commandant du poste.

Revenu au poste, le brigadier fera mettre pied à terre à ses anciennes vedettes, et fera soigner les chevaux ; il aura l'œil attentif à ses vedettes , afin de s'y porter promptement au moindre signe.

Devoirs d'un Lancier en Vedette.

Le lancier en vedette aura le pistolet à la main , la crosse appuyée sur la cuisse , le bout du canon élevé. L'objet essentiel d'une vedette est de tout observer , de tout voir , et d'avertir promptement ; de sa vigilance dépend le sort de la troupe dont elle est détachée.

Du moment où un lancier en vedette remarquera quelque chose d'intéressant , il en avertira son brigadier , soit à la voix , soit par un signe ou tel autre moyen convenu ; s'il y a deux vedettes ensemble, l'une des deux se détachera pour avertir le petit poste.

Si l'une des deux vedettes déserte, l'autre tirera dessus, et avertira le brigadier.

Aucune vedette ne se laissera dépasser par aucune troupe, sans que le brigadier ne l'ait reconnue. En conséquence, dès qu'elle pourra se faire entendre de la troupe , elle criera : *Halte-là !* Et, si l'on n'arrête pas , elle fera feu, et se repliera sur son poste.

Un trompette ou tambour venant de l'ennemi, sera également arrêté , et on lui fera faire face au côté opposé au poste, jusqu'à ce que le brigadier soit venu le recevoir.

Pendant tout le temps que durera la pose d'une vedette , elle ne pourra , sous aucun prétexte , descendre de cheval , ni quitter ses armes.

Quelque mauvais que soit le temps, les vedettes ne pourront se couvrir la tête , et feront constamment face en dehors.

Pendant la nuit , elles s'occuperont particulièrement d'écouter ; une attention continuelle est pour elles le seul moyen, dans l'obscurité , de ne pas être surprises.

Il leur est défendu de lire , chanter , ni même parler à personne sans nécessité.

Les vedettes volantes iront au pas pendant la nuit, et s'arrête ront souvent pour prêter l'oreille. Aucune vedette, à moins d'y être forcée par l'ennemi, ne quittera son poste, sans être relevée par le brigadier qui l'y aura placée.

Devoirs d'un Maréchal des logis ou Brigadier détachés pour aller en patrouille.

Le maréchal des logis ou brigadier détaché pour aller en patrouille, marchera avec toute la circonspection possible ; s'il aperçoit quelqu'un venant du côté de l'ennemi, ou un travailleur dans la plaine, il questionnera, et il détachera des hommes selon sa force, pour fouiller tout ce qui lui paraîtra suspect.

La nuit, il marchera en grand silence, s'arrêtant souvent pour écouter, sur-tout aux croisés des chemins.

Pendant le jour, il montera sur les hauteurs d'où l'on peut découvrir le pays, examinant avec soin si les chemins sont battus, s'il voit de loin une troupe, il s'atachera à en juger la force.

Les patrouilles à cheval éviteront de passer dans les chemins creux.

Si une patrouille est obligée de passer de jour ou de nuit dans un village, elle n'y passera pas en totalité. Le sous-officier y enverra un lancier seulement, lui recommandant d'avoir son arme prête à faire feu, de se méfier des détours des rues, des granges et de tous les lieux qui peuvent faciliter une embuscade. S'il n'aperçoit point d'ennemi dans le village, il questionnera le premier habitant qu'il pourra rencontrer, et s'informera de lui s'il a connaissance de l'ennemi ; il s'en fera accompagner pendant tout le temps qu'il fouillera le village, afin de vérifier s'il n'en a pas imposé.

Le lancier détaché ayant rejoint la patrouille, le sous-officier fera ses dispositions d'après son rapport, pour fouiller plus exactement le village ; s'il n'y a point d'ennemi, il continuera sa marche.

Une patrouille, en rencontrant une de l'ennemi, l'attaquera avec toute l'impétuosité possible, étant forcée de la combattre, mais sans trop s'abandonner dans un pays coupé, crainte de rencontrer des forces supérieures.

Principes généraux.

L'ordre de bataille s'entend d'escadrons, divisions, pelotons ou sections , les uns à côté des autres.

L'ordre de colonne s'entend d'escadrons, divisions, pelotons et sections ou files , les uns derrière les autres.

On reconnaît trois espèces de colonne ; savoir : la colonne avec distance, la colonne serrée et la colonne de route.

L'intervalle est l'espace vide qui se trouve entre les escadrons en bataille.

Distance signifie l'espace vide qui se trouve d'une troupe à une autre en colonne.

La distance d'une troupe à une autre en colonne, doit être égale au front.

Lorsqu'une colonne avec distance est composée de plusieurs escadrons, le premier peloton de l'escadron qui succède à un autre escadron en colonne , doit conserver, indépendamment de la distance de son front, celle prescrite pour l'intervalle.

La distance d'un escadron à un autre en colonne serrée, doit être de dix pas.

La colonne de route n'ayant pour objet que la commodité dans la marche, il ne doit y avoir de distance entre les rangs qui la composent, que le pas prescrit d'un rang à l'autre pour éviter les atteintes.

La colonne avec distance ayant pour objet de transporter une troupe d'une position à une autre, de manière que, dans son mouvement, elle ait toujours la possibilité de se mettre en bataille sur-le-champ sur tous les sens, sa profondeur doit être égale au front qu'elle occupe en bataille.

La colonne serrée a pour objet de diminuer la profondeur et de cacher le nombre de troupes qui la composent.

La distance d'une troupe à une autre colonne , se calcule par autant de pas qu'il y a de lanciers qui forment le front de la troupe.

La distance d'une troupe à une autre doit se calculer des épaules du cheval du premier rang de la troupe qui précède , aux épaules du cheval du premier rang de celle qui suit , par la raison que c'est sur les épaules que les chevaux tournent.

On entend par rang les lanciers placés à côté les uns des autres.

Une file est composée de lanciers les uns derrière les autres.

Le front d'une troupe s'entend des lanciers placés à côté les uns des autres, et de la quantité de pas qu'ils occupent.

Profondeur s'entend de la quantité de rangs dont une troupe est composée, soit en bataille ou en colonne, et de la quantité de pas qu'ils occupent.

Aile s'entend des extrémités d'une troupe, soit en bataille, soit en colonne.

Le centre s'entend du milieu d'une troupe, soit en bataille ou en colonne.

Le chef de file est le lancier du premier rang.

Le guide s'entend des lanciers d'une des ailes d'une troupe sur laquelle les autres doivent se régler et s'aligner.

Le pivot est le point central de la conversion. Il y a deux sortes de pivots : le pivot fixe et le pivot mouvant.

Le pivot est fixe dans toutes les conversions qui se font de pied ferme, ou par plusieurs troupes en même-temps.

Le pivot est mouvant dans toutes les conversions successives.

Par serre-file on entend les officiers et sous-officiers placés derrière la troupe.

Déboitement exprime le commencement d'une conversion des troupes dont les ailes se séparent des pivots qui les avoisinent.

Emboîtement exprime la fin d'une conversion dont les ailes s'emboîtent aux pivots de celles qui les avoisinent.

Déploiement exprime le mouvement d'une colonne qui prend l'ordre de bataille.

L'ordre de bataille est inverse lorsque les dernières troupes sont placées à la droite de la ligne.

La colonne est inverse lorsque les dernières troupes se trouvent en être la tête.

Tous les commandemens sont précédés du commandement d'avertissement de *Garde à vous !*

Les lanciers ne doivent se mettre en mouvement qu'au commandement de, *Marche !*

Ils ne doivent s'arrêter qu'à celui de, *Halte !*

Après le commandement de *Halte*, les brigadiers et lanciers doivent conserver la plus parfaite immobilité, et attendre le commandement de, *A droite* ou *A gauche*, — *Alignement*.

Les uns et les autres doivent chercher à s'aligner; et les brigadiers placés aux ailes de pelotons, doivent s'aligner entr'eux sans attendre l'alignement de la troupe.

On entend par alignement, des lanciers placés à côté les uns des autres, ayant une direction parallèle entr'eux.

Il y en a deux espèces : l'alignement individuel, et l'alignement par troupe ou celui d'une troupe sur une autre.

L'officier chargé de l'alignement doit se placer du côté de l'alignement.

En alignant une troupe sur une autre, l'officier doit se placer du côté opposé à l'alignement.

Une conversion exprime un arc de cercle décrit en même - temps par tous les lanciers composant une troupe.

Il y en a deux espèces: la conversion à pivot fixe et la conversion à pivot mouvant.

Dans toutes les conversions qui se font de pied ferme, le pivot est fixe.

Dans toutes les conversions successives, le pivot est mouvant.

Le conducteur de l'aile, qui tourne dans une conversion, doit décrire son arc de cercle de manière à ne pas faire serrer les files, et il doit par conséquent juger le terrain qu'il doit parcourir relativement à la troupe.

Lorsque le pivot d'une troupe est jeté hors de la ligne du guide, il doit lever le bras, ce qui sert de signal pour indiquer aux lanciers de porter la main du côté opposé.

Dans la conversion à pivot fixe, l'aile marchante ne change pas d'allure; dans celle à pivot mouvant au contraire, l'aile marchante doit doubler la sienne.

Dans les conversions à pivot fixe, le pivot doit tourner sur lui-même, se réglant, dans son mouvement, sur le conducteur.

Dans la conversion successive, le pivot doit décrire, pendant la durée de la conversion, un arc de cercle de cinq pas.

Dans les conversions en colonne serrée, le pivot doit décrire un arc de cercle de dix-huit pas pendant la conversion.

Un cheval monté occupe dans le rang un pas ou trois pieds.

Il occupe en longueur trois pas ou neuf pieds.

Le front d'un peloton est de douze pas ou trente-six pieds, s'il est composé de douze files.

La marche diagonale n'est ainsi nommée que par rapport à l'alignement d'où l'on part, puisqu'elle devient directe après le demi-quart de conversion qui dispose la troupe de front sur le point déterminé.

Marcher obliquement, c'est se porter en avant en gagnant du terrain vers la droite ou vers la gauche, sans changer de front.

On entend par déploiement par file, les lanciers de l'une ou de l'autre aile, faisant successivement par les deux rangs à droite ou à gauche, pour se porter ensuite en colonne sur un point destiné, et s'y reformer en bataille par le mouvement contraire, à mesure qu'ils arriveront.

On entend par point de direction l'objet sur lequel les guides d'une troupe marchent ; il doit toujours être très en avant, afin que le premier guide puisse en prendre d'intermédiaires.

Si le commandant de la troupe n'en a point donné, le guide le prendra sur un objet immobile, comme un arbre, une maison, un buisson, un clocher.

On entend par point intermédiaire un autre objet que le guide prend entre lui et le point de direction.

L'objet du point de direction est de diriger une colonne, et de la conduire au point où l'on veut la mettre en bataille.

L'objet du point intermédiaire est pour marcher avec plus d'exactitude sur le point de direction, sur-tout lorsque ce même point se trouve éloigné.

Le point de direction sert encore à marquer la ligne de front sur laquelle doit se former une colonne.

On le nomme alors point de direction de la ligne, ou point donné.

De la manière de seller.

Après avoir plié la couverture en douze ou en seize, le lancier la placera sur le dos du cheval, de manière que les liserets se trouvent du côté du hors-montoir ; il aura attention de la passer par-dessus la croupe, et de la faire glisser une ou deux fois sur le dos du cheval pour unir le poil.

Il prendra la selle de la main gauche à l'arcade de devant, contenant la croupière avec le pouce de la même main, et la main droite se placera dessous l'arcade de derrière ; il la posera doucement sur le dos du cheval, en l'amenant du côté de la croupe, pour ne pas l'effrayer : il aura attention qu'il n'y ait aucune pièce en cuir sous la selle, ce qu'il préviendra en passant la main gauche entre la couverture et la selle ; il aura aussi soin de la placer un peu en arrière, afin de faciliter le moyen d'engager la croupière.

Il passera derrière le cheval, pour prendre la queue dont il tortillera le crin autour du tronçon, la tenant de la main gauche. Il prendra la croupière de la main droite, pour passer la queue dans le culeron, dont il dégagera absolument tous les crins, afin qu'ils ne blessent pas le cheval. Il passera ensuite du côté du montoir, soulevera la selle pour la porter en avant, rabatra les étriers, le poitrail, le surfaix et la sangle, et engagera les deux derniers dans l'œillet de la fausse martingale. Il reviendra ensuite du côté du montoir, sanglera le cheval, fixera les ronds de fonte, bouclera le poitrail, et rabatra les coins de la chabraque, qu'il fixera avec la courroie de guindage.

Pour que le cheval soit bien sellé, il faut que la selle soit placée sur le milieu du dos. Si elle est trop en arrière, elle peut le blesser sur le rognon ; si elle est trop en avant, elle empêchera le mouvement des épaules. On observera d'ailleurs que le haut de l'arcade ne porte point sur le garot ; le poitrail doit être placé au-dessus de la pointe des épaules, pour ne pas en gêner les mouvemens ; le cœur en cuivre doit se trouver dans le milieu du poitrail, et la croupière ne doit pas être tendue, pour ne pas blesser le cheval sous la queue, ou le faire ruer.

Le lancier engagera le bras dans les rênes de la bride et du filet, et dans la têtière entre le dessus de tête et le frontail. Il enlèvera le licol d'écurie, qu'il remplacera par celui de parade. Il passera ensuite du côté du montoir, et attachera la longe à la courroie de guindage : il prendra la bride et le filet par le dessus de tête avec la main droite, les ongles en dessous , saisira avec la main gauche le mors du filet et celui de la bride par - dessus le banquet, passera le bras droit par - dessus la tête du cheval pour le contenir, et appuiera le pouce gauche sur la barre pour lui faire ouvrir la bouche , dans laquelle il devra en même-temps placer le mors de la bride et celui du filet. Il passera ensuite les oreilles du cheval entre le frontail et le dessus de tête , en engageant l'oreille droite la première; il bouclera la muserole , puis la sous-gorge ; dégagera les crins du toupet, accrochera la gourmete , et passera le filet sur le cou du cheval.

Pour que le cheval soit bien bridé , il faut que la boucle du montant et celle de la sous-gorge du côté du hors-montoir soient à la même hauteur, et que celles du montant de la sous-gorge et du filet forment une espèce de patte d'oie ; que la sous-gorge ne soit pas trop serrée , parce qu'elle gênerait la respiration du cheval ; que la muserole le soit assez pour que le cheval ne bâille pas ; que les montans de la bride soient placés en arrière des os des tempes, et que le mors du filet ne soit pas engagé sous celui de la bride.

Pour que le mors soit bien placé dans la bouche du cheval , il doit faire son effet à un travers de doigt des crochets d'en bas , et ne doit pas porter sur ceux d'en haut ; il faut que la liberté de langue soit assez aisée pour que le cheval puisse aisément loger sa langue; que le haut de l'embouchure ne porte pas sur le palais ; que le mors ne soit ni trop large ni trop étroit : dans le premier cas, il ne fera pas d'effet ; dans le second, il blesserait le cheval. Il faut aussi que la gourmete soit placée sur le creux du menton, et qu'elle ne soit ni trop longue ni trop courte : dans le premier cas , elle ferait faire la bascule au mors, et empêcherait son effet; dans le second, elle assujétirait trop le cheval, et pourrait l'obliger à se défendre. Pour que le mors ne fasse pas la bascule , et que la gourmete ne soit ni trop longue ni trop courte, les branches, dans leur plus grand effet, ne doivent pas se rapprocher du poitrail du cheval de plus d'un pouce et demi partant de la ligne droite du mors.

De la manière de débrider.

Le lancier doit commencer par décrocher la gourmete, déboucler la muserole et la sous-gorge, déboutoner le licol de parade , détacher la longe, avancer les rênes de la bride et du filet sur le dessus de tête qu'il passera par-dessus les oreilles pour ôter la bride de la tête du cheval ; il passera ensuite le bras gauche dans les rênes et entre le dessus de tête et le frontail de la bride et du filet, afin d'ôter aisément le licol de parade, et le remplacer par celui d'écurie qu'il doit tenir tout prêt avant de débrider ; il tortillera ensuite la bride et le filet avec les rênes de la bride.

De la manière de dèseller.

Le lancier doit commencer par déboucler le poitrail , puis le surfaix et la sangle qu'il dégagera de l'œillet de la fausse martingale ; ensuite il relevera les coins de la chabraque avec la courroie de guindage , puis le surfaix, la sangle , le poitrail et les étrivières qu'il croisera ; il portera la selle un peu en arrière , afin de pouvoir ôter la croupière ; il enlèvera la selle de la même manière qu'il l'a posée sur le dos du cheval ; il retirera la couverture en l'amenant par-dessus la croupe ; il la pliera en deux, de manière à ce que la partie placée sur le dos du cheval soit en dedans ; il la posera sur la selle , et la contiendra par le milieu de la croupière, qu'il relevera sur le pommeau , passera la lanière du manteau qu'il coulera dans le culeron ; ce qui lui donnera la facilité d'enlever la selle et de l'emporter.

Le manteau sera plié en deux , le revers de l'étoffe en dehors et les ailes renversées en dedans bien également ; la tête du manteau sera aussi renversée en dedans jusqu'à la hauteur du capuchon ; après quoi on le roulera bien serré en commençant par la tête.

Manière de placer les effets dans le porte-manteau, et de charger.

Les deux chemises doivent être dépliées et mises en long dans le porte-manteau; ensuite la culotte à la hongroise, retournée et pliée en quatre ; par-dessus, on placera le gilet retourné et plié en deux, la cravatte et les mouchoirs fourrés dans les coins.

Il ne sera permis de mettre dans le porte-manteau que les effets désignés ci-dessus, dans la crainte de blesser les chevaux si l'on en fesait entrer davantage.

Le surtout et gilet d'écurie dans lequel sera placé le bonnet de police, seront pliés en quatre et posés sur le grand sac, plié lui-même
de manière à ce qu'il ne dépasse le porte-manteau d'aucun côté, et
sera placé sur la croupe du cheval, au-dessous du porte-manteau ; ils
seront liés ensemble par les deux bouts avec les courroies de charge,
de manière à ce qu'ils soient fermement tenus. Le porte - manteau
doit être posé de façon que les trois boucles puissent faire face aux
deux extrémités de la selle.

Les bottes seront placées séparément sous le couvercle du porte-
manteau, les tiges vis-à-vis l'une de l'autre ; les deux pieds seront
pliés de manière à ce que l'on n'aperçoive pas les talons dont la se-
melle doit être en dessus; les deux éperons seront couverts d'une espèce d'étui en cuir noir, fixé aux extrémités d'une courroie qui empêchera les bottes de se séparer et de se perdre.

Les deux musettes devront être attachées à la tête du pommeau de
la selle par leurs courroies, et dans leur centre par des lanières attachées aux ronds de fonte qui fixent les extrémités du manteau : ces
musettes ne dépasseront d'aucun côté les bouts du manteau. Dans
celle de gauche seront placés :

1.º Les effets de pansement.
2.º Les boîtes à graisse avec les brosses.
Celle de droite sera destinée à recevoir la ration d'avoine du cheval, ainsi que le pain.
Au côté gauche et dans les courroies du porte-manteau, on fera
passer la corde à fourrage tortillée en cercle et nouée de façon qu'elle
puisse être dérangée sans déplacer le porte-manteau.

INSTRUCTION

Sur les parties qui composent l'équipement du Cheval.

On comprend, sous le nom d'arçon, toutes les pièces de bois qui
composent la charpente de la selle. Ces pièces sont au nombre de
huit en bois de hêtre, qui est le meilleur pour cet usage, et ainsi

dénommées : l'arcade du devant surmonté du pommeau, les bandes, l'arcade du derrière surmonté de la palette, et les quatre chevilles· L'arcade de devant forme le devant de l'arçon, et se nomme liberté du garot ; l'objet de la liberté du garot est d'empêcher que le cheval soit blessé par le poids du lancier.

Le pommeau fermant la partie supérieure de l'arcade de devant, sert à empêcher que le lancier se porte trop en avant ; il sert aussi à réunir les fontes, à arrêter le poitrail et à fixer le milieu du manteau.

Les bandes servent à réunir les arcades et à donner la forme à la selle.

L'arcade de derrière forme le derrière de l'arçon, et se nomme liberté du rognon ; l'objet de la liberté du rognon est d'empêcher que le cheval soit blessé par le poids du lancier.

La palette formant la partie supérieure de l'arcade de derrière, sert à fixer le milieu de la charge, à en garantir le lancier, et à l'empêcher d'aller trop en arrière.

Les chevilles servent à réunir les arcades aux bandes avant que l'arçon soit ferré.

Les pièces en fer qui garnissent l'arçon, sont : les demi-cercles, en forme de fer à cheval, les croissans et les rivets ; toutes ces pièces servent à affermir les arcades aux bandes.

Les rivets servent à resserrer les arcades aux bandes ; à côté de chacun d'eux se trouvent pratiqués deux petits trous qui servent à fixer les lanières des fontes et celles tressées en forme d'anneau pour le passage de la courroie de charge, et sous lequel est assujétie la boucle enchapée de croupière.

On trouve, vers le milieu de chaque bande, une mortaise destinée au passage de l'étrivière ; et en arrière de chaque mortaise, on trouve deux petits trous pratiqués pour les lanières qui servent à fixer la sangle du côté du hors - montoir, et le contre - sanglon du côté du montoir.

A la partie supérieure des bandes, on trouve dix petits trous qui servent au passage des lacets roulés destinés à fixer les parties latérales du siège. Au pommeau, se trouve également pratiqué un trou pour le passage de la lanière clouée par le milieu, et qui sert à attacher le manteau.

Il existe aussi à la partie latérale une mortaise pour la courroie de charge.

Le siège ou le loup sert à asseoir le lancier ; ses joncs servent à en fixer les extrémités aux arcades.

Les fontes pour recevoir les pistolets, sont assujéties au pommeau par une lanière, et aux montans du poitrail par des ronds de fonte.

Les courroies servent à fixer la charge sous la palette.

Le contre-sanglon sert à recevoir la boucle de la sangle ; il doit être doublé d'un cuir noir que l'on nomme blanchet.

La sangle serre la selle sur le dos du cheval ; les étrivières servent à supporter les étriers. A leur enchapure se trouvent deux passans fixes, dont l'un sert à maintenir l'étrivière dans l'œil de l'étrier, et l'autre à recevoir l'extrémité de l'étrivière.

Les étriers aident à monter à cheval : ils se divisent en œil, branches et plat ; l'œil sert à passer l'étrivière, les branches à supporter le plat, et le plat à porter le pied du lancier.

La croupière sert à empêcher la selle d'aller trop en avant ; elle se divise en fourche supérieure, fourche inférieure et culeron : la fourche supérieure, passant dans les boucles enchapées de la croupière sert à la fixer à la selle ; la fourche inférieure à attacher les deux extrémités du culeron, et le culeron à engager la queue du cheval.

Le surfaix, proprement dit, sert à attacher la chabraque ; il se divise en surfaix *supérieur*, surfaix *inférieur,* courroie d'attache et courroie de guindage : le surfaix *supérieur* sert à fixer la courroie d'attache ; le surfaix *inférieur* sert au passage de cette même courroie, avec laquelle on serre, plus ou moins, le surfaix proprement dit, au moyen de la boucle enchapée adaptée au-dessous du surfaix *inférieur.* La courroie de guindage, qui doit maintenir les pointes de la chabraque sur les fontes, se divise en grand et petit côté, lesquels sont fixés, par un bout, au surfaix *supérieur.* C'est au petit côté que se trouve une boucle enchapée servant à serrer, plus ou moins, la courroie. Vers le centre et au-dessous du surfaix, se trouve une petite bande de cuir qui sert au passage de la courroie de guindage.

Le poitrail sert à empêcher la selle d'aller trop en arrière ; il est divisé en grand et petit montant et fausse martingale : le grand montant, qui fixe le poitrail au pommeau de l'arçon par un passe-coulant, sert, à l'aide de la boucle qui se trouve à l'extrémité du petit montant, à hausser ou baisser le poitrail. Dans les deux montans, sont engagés deux ronds de fonte, qui servent à recevoir les extrémités des fontes et à assujétir les pointes du manteau par le moyen de deux lanières fixées à leur partie supérieure. La fausse martingale, avec son œillet, sert au passage de la sangle et du surfaix, et empêche l'un et l'autre de glisser en arrière ; la couture qui réunit la fausse martingale aux deux montans, est recouverte par deux cœurs en cuir, sur l'un desquels est fixé un cœur en cuivre, destiné à porter le n.º du régiment.

De la Bride.

La bride, proprement dite, se compose de toutes les pièces dont le détail suit :

Le dessus de tête.	L'embouchure.
Les montans.	Les branches.
La sous-gorge.	L'œil de la branche.
Le frontail.	La gargouille.
La muserole.	Les tourets
Les porte-mors.	La gourmete.
Les rênes.	Le haut de l'embouchure.
Le croissant de la sous-gorge.	Le canon du mors.
Les boutons coulans.	Les fonceaux.
Les porte-rênes.	Les boutons fixes.
Les boucles et passans.	Les fleurons du frontail.

Le dessus de tête sert à attacher le montant à la sous-gorge, et les montans à hausser ou baisser les mors.

La sous-gorge sert à empêcher le cheval de se débrider.

Le frontail sert à empêcher le dessus de tête d'aller trop en arrière.

La muserole sert à contenir les montans et à empêcher le cheval de bailler.

Les porte-mors servent à attacher le mors aux montans.

Les rênes servent à conduire le cheval, et le fouet à le corriger au besoin, et à prolonger les rênes sur la palette de la selle, soit pour monter à cheval, soit pour en descendre.

Le croissant de la sous-gorge sert d'ornement.

Les porte-rênes servent à fixer les rênes aux branches du mors.

Les boucles et passans servent à attacher les différentes parties de la bride , et les passans à en recevoir les extrémités.

Il y a trois boutons fixes à la monture de bride : un au-dessus de tête pour attacher le licol de parade ; un autre à la sous-gorge pour fixer le croissant ; et le troisième au bout des rênes pour les renfor-cer.

Il y a également deux boutons coulans : un à la sous-gorge , qui sert à la serrer plus ou moins ; et l'autre aux rênes , qui sert à les contenir sur l'encolure du cheval.

Les deux fleurons placés au frontail , servent, l'un à porter le n.º de l'escadron , et l'autre celui du cheval.

Du Filet.

Le filet sert à mettre le cavalier à même de rafraîchir les barres de son cheval , en en sentant l'effet , et abandonnant celui des rênes ; il peut aussi servir dans le cas où les rênes de la bride seraient cas-sées.

Les parties qui le composent sont :

Le dessus de tête.	Les rênes.
Le montant.	Le mors.
Le frontail.	La boucle des rênes.

L'utilité de toutes ces parties est la même que celle qui a déjà été démontrée pour les parties de la bride , à l'exception de la boucle des rênes qui sert à allonger plus ou moins les rênes du filet.

Du Licol.

Les pièces qui composent le licol sont :

Le grand côté.	La boutonière du dessus de tête.
Le petit côté.	La longe.
Le dessus de nez.	Les boutons coulans.
La sous-barbe.	Les boucles-passans.

Du Bridon d'abreuvoir.

Les pièces qui composent le bridon d'abreuvoir sont :

Le dessus de tête.	Le montant droit.
Le frontail-le-mors.	Le montant gauche.
La sous-gorge.	Les anneaux du mors.

Les ailes.	Le mors.
Le bouton du bout des rênes.	Les boucles et passans.
Les rênes.	

L'utilité de ces parties est absolument la même que celle qui a été démontrée pour les parties de la bride.

Du Mors de Bride.

Les quatre principales pièces de fer qui composent le mors, sont: l'embouchure, les branches et la gourmete, qui, agissant d'accord et par le concours les unes des autres, assujétissent le cheval à l'obéissance; les autres pièces du mors sont les fonceaux, les tourets de porte-rênes, les anneaux, les tourets de chaînette, la chaînette, l'esse, le crochet et les bossetes.

L'embouchure se divise en canon et en liberté de langue; le canon agit sur les barres et assujétit le cheval à l'obéissance par le concours de la gourmete; la liberté de la langue sert à loger la langue du cheval; les branches servent à faire agir l'embouchure et la gourmete; elles se divisent en œil de la branche, banquet, arc du banquet, broche du banquet, et gargouille.

L'œil de la branche sert à passer le porte-mors; le banquet et la broche du banquet servent à réunir l'embouchure à la branche; l'arc du banquet sert à renforcer la branche; et la gargouille sert à placer les tourets de porte-rênes et de chaînette.

Les fonceaux servent à fixer l'embouchure aux branches.

Les tourets servent à fixer les anneaux aux porte-rênes.

Les anneaux, à recevoir les porte-rênes.

Les tourets de chaînette, à fixer la chaînette.

Et la chaînette, à donner de la grace au mors.

La gourmete forme le point d'appui du lévier dont les branches font l'effet; elles se divisent en mailles et maillons : les mailles font effet sur la barbe du cheval, et les maillons servent à fixer la gourmete à l'esse et au crochet; ils sont au nombre de trois, dont deux du côté du crochet, et un du côté de l'esse.

L'esse sert à fixer la gourmete au mors, et le crochet à acrocher la gourmete.

Les bossetes servent à cacher les fonceaux, et sont ornement; elles ont des oreilles au moyen desquelles ou les fixe aux branches du mors par des clous rivés.

3

De la Platine du Mousqueton.

Les pièces principales qui composent la platine, sont ; savoir :

Le corps de platine, ou plaque vue par dehors.

Le corps de platine vu en dedans.

Le bassinet.

La vis du bassinet.

Le ressort de baterie.

La vis du ressort de baterie.

La baterie.

La vis de baterie.

Le grand ressort.

La vis du grand ressort.

La noix.

La vis du clou du chien.

La noix vue du côté opposé.

Le chien.

La machoire supérieure.

La vis de machoire de chien.

La gâchete.

La vis de gâchete.

Le ressort de gâchete.

Sa vis.

La pierre.

L'enveloppe de cuir ou de plomb.

La grande vis du milieu.

La grande vis des devans.

Le bassinet sert à fermer le bassin qui doit recevoir l'amorce.

La vis du bassinet sert à l'arrêter à sa place.

Le ressort de baterie sert à faire mouvoir la baterie, et à la faire tenir ouverte ou fermée.

La baterie sert à couvrir l'amorce et à tirer le feu de la pierre ; elle se divise en quatre parties, savoir : la face, le dos, le dessous, et le trou de sa vis.

Le grand ressort sert à faire mouvoir le chien, et sa grande branche sert à faire partir le chien.

La noix, principale pièce intérieure, vue comme elle est posée sur le corps de platine, se divise en petit pivot qui entre dans la bride, en griffe qui reçoit celle du grand ressort, en cran du repos, et en cran de l'armé.

La noix vue du côté opposé, est composée du grand pivot au bout duquel est un caré ; et du trou de la vis ou clou du chien.

Le chien sert à porter la pierre sur la baterie.

Il est composé de cette manière ; savoir :

Le trou caré qui reçoit le pivot caré de la noix ; le tour ; le ventre de la gorge ; la gorge d'en bas ; la gorge d'en haut ; le dos ; la mâchoire inférieure ; la crête qui sert à contenir la mâchoire supérieure et l'empêche de tourner ; la gâchete, qui sert à arrêter le chien et à armer ; la vis de la gâchete, qui sert à l'arrêter ; le ressort de gâ-

chete, qui sert à appuyer la gâchete sur la noix , et à faire partir le
chien ; la pierre, pièce dépendante, qui sert à faire feu ; et enfin ,
l'enveloppe de cuir ou de plomb, pièce dépendante , qui sert à empêcher la pierre de glisser et de se casser par la pression des mâ-
choires.

REGLEMENT

*Portant instruction aux Régimens de Chevau-
Légers , sur l'Exercice et les Manœuvres de
la Lance dont ces Régimens sont armés.*

Sa MAJESTÉ voulant donner à ses Régimens
de Chevau-Légers une instruction analogue à la
lance dont ils sont armés, a ordonné et ordonne
ce qui suit :

TITRE I.er

Du rassemblement d'un Régiment à pied.

N.° 1.er

La réunion des compagnies et d'un régiment aura lieu ainsi qu'il
est prescrit à l'article 11 de l'ordonnance du 1.er vendémiaire de l'an
13.

2.

Les premiers principes de la position et de la marche seront don-
nés, suivant ce qui est prescrit au titre I.er de la même ordonnance,
jusques au n.° 22 inclusivement.

Principes du port de la Lance.

3.

La lance dans la main droite, qui la tiendra à pleine main, à environ deux tiers de mètre [2 pieds] du bout ; le bras légèrement étendu, le poignet renversé, le pouce en avant sur la hampe, le premier doigt étendu sur le côté et les autres dessous ; le bout de la lance à environ 54 millimètres [2 pouces] de terre ; la hampe perpendiculairement fixée au défaut de l'épaule, la main gauche pendante sur le côté par-dessus le sabre, qui sera relevé et fixé au crochet du ceinturon.

(Le surplus comme aux n.ᵒˢ 25, 26 et 27 de l'ordonnance.)

Du maniement de la Lance.

(*Voyez* ce qui est prescrit pour l'exécution des commandemens, au n.ᵒ 28 de l'ordonnance.)

4.

1.ᵒ *Garde à vous ;*

2.ᵒ *Présentez* (vos) *Lances.*

Un temps et un mouvement.

Apporter l'arme de la main droite vis-à-vis l'œil gauche, la saisir brusquement de la main gauche à la hauteur du bas du revers de l'habit, le pouce alongé le long de la hampe ; la main droite quittant sa position, la saisira à environ deux tiers de mètre [2 pieds] du bout, le pouce en dessous de la hampe, les deux premiers doigts alongés et les autres également dessous.

5.

Portez (vos) *Lances.*

Un temps et un mouvement.

Rapporter l'arme des deux mains contre l'épaule droite, replacer la main droite comme au n.ᵒ 3, et la main gauche dans le rang.

Croisez (les) *Lances.*

Un temps et deux mouvemens.

6.

1.ᵒ Faire demi à droite sur le talon gauche ; placer en même temps le pied droit en équerre derrière le talon gauche, le coude-pied à 81 millimètres [3 pouces] du talon ; détacher l'arme avec la main droite à 108 millimètres [4 pouces] de l'épaule et perpendiculairement.

2.º Abattre l'arme avec la main droite dans la main gauche, qui la saisira à environ 486 millimètres [18 pouces] de la droite, le coude gauche près du corps ; le haut du corps en avant, la main droite appuyée sur la hanche droite, la pointe de la lance à hauteur de l'œil.

Au second mouvement, les hommes du second rang auront attention de porter le talon droit à 162 millimètres [6 pouces] sur le côté, et à environ 84 millimètres [3 pouces] en arrière du talon gauche ; ils abattront leur lance de manière qu'elle tombe entre leur chef de file et l'homme de sa droite, sans les toucher.

Portez (vos) Lances.

Un temps et deux mouvemens.

7.

1.º Tourner sur le talon gauche pour se remettre *face en tête* ; rapporter le talon droit à côté du gauche ; redresser la lance de la main gauche, en la portant à l'épaule droite, la main droite la ressaisissant comme au n.º 4.

2.º Abandonner l'arme de la main gauche qui tombera vivement dans le rang.

Reposez-vous (sur vos) Lances.

Uu temps et un mouvement.

8.

Laisser glisser la lance jusques à terre dans la main droite, qui la saisira de suite à hauteur de la cravate, le coude et l'avant-bras collés sur la hampe qui sera maintenue perpendiculairement, de manière que le bout ou la douille se trouve placée a côté et à environ 27 millimètres [un pouce] de distance de la pointe du pied droit, la main gauche pendante sur le côté.

Lorsqu'on voudra faire reposer dans cette position, on commandera :

Repos.

9.

A ce commandement, le lancier laissera tomber sa main droite qu'il étendra sur la hampe de sa lance, en l'appuyant contre l'épaule droite.

10.

On passera ensuite aux différens maniemens de la lance, lesquels seront démontrés successivement à pied, tels qu'ils seront indiqués au titre du *Travail à cheval.*

Si un régiment, un escadron ou une compagnie étaient rassemblés, les commandans des pelotons et les officiers chargés de l'instruction, romperaient successivement leurs pelotons *à droite en avant, etc.,* pour les porter particulièrement sur le terrain d'exercice, qui sera marqué de manière qu'ils ne puissent se gêner réciproquement.

Les commandemens à faire pour ces mouvemens seront conformes à ce qui est prescrit au titre III de l'ordonnance n.º 319 et suivant.

11.

Lorsque les pelotons seront arrivés, arrêtés et alignés sur le terrain où ils doivent être exercés, on commandera :

1.º *Garde à vous;*

2.º *En arrière; — ouvrez vos rangs;*

3.º *Marche.*

(Comme au n.º 320, titre III de l'ordonnance.)
Les rangs étant ouverts, on commandera :

12.

1.º *Garde à vous;*

2.º *Par la gauche* (ou par la droite) *prenez vos distances.*

3.º *Marche;*

4.º *A droite* (ou à gauche); *Alignement;*

5.º *Fixe.*

Au second commandement (si c'est par la gauche), tous les hommes de chaque rang, à l'exception de la file de droite, exécuteront de suite un quart d'à-gauche.

(*Voyez* les n.ºˢ 14 et 15, titre II de l'ordonnance.

Au troisième commandement, chaque lancier se portera droit

devant lui, en partant du pied gauche ; le second lancier de chaque
rang, après avoir marché cinq pas, s'arrêtera et fera front de lui-même
par un quart d'à-droite. Le troisième lancier, en donnant un coup-
d'œil en arrière à droite, s'arrêtera aussi à cinq pas du second, et
fera front ainsi qu'il vient d'être prescrit ; tous les autres lanciers du
rang feront successivement de même, s'alignant sur les trois premiers.

13.

Les lanciers étant ainsi placés, on commandera :

1.° *Garde à vous ;*

2.° *Reposez-vous* (sur vos) *Lances.*

Ce mouvement s'exécutera comme il est prescrit au n.° 8 du pré-
sent réglement, le pied gauche s'écartant de suite à la distance d'un
tiers de mètre [un pied] du pied droit, les talons sur la même ligne.

14.

Les commandemens et les manœuvres à faire pour les exercices de
la lance dans cette position, seront en tout conformes à ce qui sera
prescrit au titre suivant pour les exercices de la lance à cheval.

OBSERVATIONS.

On aura attention, dans le cours de différens mouvemens de la
lance à pied, d'exiger que la main gauche du lancier soit maintenue
comme s'il tenait la bride de son cheval.

(*Voyez* titre II , n.° 218 de l'ordonnance.)

15.

Après avoir exécuté les différens exercices de la lance, et lorsqu'on
voudra reformer le peloton, on commandera :

1.° *Garde à vous ;*

2.° *A droite* (ou à gauche) ; — *Serrez vos files ;*

3.° *Marche.*

Au second commandement, si c'est à droite, chaque lancier, ex-
cepté la file de droite, exécutera de suite un quart d'à-droite, comme
il est prescrit.

Au troisième commandement, il se portera en avant, partant du pied gauche, et fera front de lui-même, en arrivant près de l'homme de sa droite. Si c'est à gauche, ce mouvement s'opérera par les moyens contraires.

16.

On fera ensuite serrer les rangs ainsi qu'il suit :

   1.° *Garde à vous ;*

   2.° *Serrez vos rangs ;*

   3.° *Marche ;*

   4.° *A droite ; — Alignement ;*

   5.° *Fixe.*

(Comme au titre III de l'ordonnance n.ᵒˢ 324 et 325.)

17.

Les pelotons seront ensuite exercés à la marche et à tous les détails prescrits au même titre III. (*Ecole de l'escadron à pied.*)

TITRE II.

Travail à cheval.

Position du lancier avant de monter à cheval.

   1.° *Garde à vous ;*

   2.° *A droite ; — Alignement ;*

   3.° *Fixe.*

18.

Au premier commandement, prendre la plus parfaite immobilité, et prêter attention.

Au deuxième, chaque lancier se placera de manière que son flanc droit se trouve à hauteur du côté montoir de la ganache de son cheval, les rênes de la bride passées par-dessus l'encolure, la main droite tenant les rênes à 162 millimètres [6 pouces] de la bouche du cheval, les ongles en dessous, les talons sur la même ligne plus ou

moins rapprochés, suivant sa conformation, les pieds un peu moins
ouverts que l'équerre, les genoux tendus sans les roidir, le corps
d'à plomb sur les hanches et un peu penché en avant, les épaules
effacées et également tombantes, la poitrine saillante, la tête droite
sans être gênée, le menton rapproché de la cravate sans la couvrir,
les yeux fixés à quinze ou vingt pas devant eux.

(Titre II, n.º 113 de l'ordonnance.)

De la main gauche le lancier tiendra la lance à pleine main, le
poignet à la hauteur de la cravate, le coude et l'avant-bras collés sur
le bois de la lance, qui sera maintenue perpendiculairement, et de
manière que le bout se trouve placé à côté et à environ 27 millimètres
[1 pouce] de distance de la pointe du pied gauche.

Monter à cheval.

1.º Garde à vous ;
2.º Préparez-vous pour monter à cheval.

Un temps et quatre mouvemens.

19.

A la première partie du commandement, porter le pied droit en
avant du gauche, de manière que le talon droit soit vis-à-vis et à 162
millimètres [6 pouces] du coude-pied gauche.

1.º A la deuxième partie du commandement, élever la lance avec
la main gauche, à environ 81 millimètres [3 pouces] de terre ; faire
un demi-tour à droite, en s'élevant sur la pointe du pied droit ; rapporter de suite le pied gauche à côté du droit, faisant face au cheval.

2.º Les nombres deux et quatre reculeront leurs chevaux de la
longueur de quatre pas, et se maintiendront vis-à-vis de leur intervalle ; les nombres un et trois ne bougeront pas.

3.º Abandonner les rênes, faire deux pas en avant, en partant du
pied droit pour se porter vis-à-vis l'épaule gauche du cheval ; faire
un à-gauche sur la pointe du pied gauche, les deux talons sur la
même ligne, le corps faisant face à l'épaule du cheval ; reposer le
bout de la lance à terre, à côté de la pointe du pied gauche ; la main,
droite saisissant le bout des rênes et se plaçant sur la palette de la selle.

4.º Porter le pied droit à 162 millimètres [6 pouces] en arrière du
pied gauche ; mettre le tiers du pied gauche dans l'étrier ; le genou

**

appuyé à l'épaule du cheval; se tenir sur la pointe du pied droit; élever les rênes de la main droite, pour les ajuster et les placer dans la main gauche, qui saisira en même-temps une poignée de crins le plus avant possible, sans quitter la lance, et replacer la main droite sur la palette de la selle.

A Cheval.

Un temps et un mouvement.

20.

S'élancer du pied droit, en tirant fortement les crins à soi; appuyer en même-temps la main droite sur la palette de la selle, pour l'empêcher de tourner; le corps droit; passer la jambe tendue par-dessus la croupe du cheval sans la toucher, et se mettre légérement en selle, en reportant la main droite sur la fonte droite de la selle, le pouce en dehors, les quatre autres doigts en dedans, la main gauche quittant les crins et assurant les rênes, sans abandonner la lance.

1.° *Garde à vous ;*

2.° *Portez (vos) Lances.*

Un temps et deux mouvemens.

21.

1.° Saisir vivement, de la main droite, la lance vers le milieu; l'abandonner de la main gauche, sans cependant quitter les rênes, le corps restant droit.

2.° Elever la lance perpendiculairement de la main droite, entre les rênes et le cou, pour la passer par-dessus l'encolure du cheval; la laisser descendre et en placer le bout dans la botte fixée à l'étrier hors montoir, la main droite remontant alors jusqu'à la hauteur de la cravate.

OBSERVATIONS.

Ce mouvement est indispensable pour l'uniformité; on a remarqué qu'il n'y en avait aucune, lorque les lanciers portaient la lance d'eux-mêmes, aussitôt qu'ils étaient arrivés en selle.

Reprenez (vos) Rangs.

22.

A ce commandement, les nombres un et trois élèverront légérement la main de la bride et tiendront les jambes près pour empêcher
la ruade ; les nombres deux et quatre rentreront dans leurs rangs,
sans à coup et sans précipitation.

(Titre II, n.º 153 de l'ordonnance.)

OBSERVATIONS.

Le second rang serrera sur le premier, comme il est dit au n.º 189
de l'ordonnance, dans le cas où la troupe ne devrait pas être exercée
au maniement de la lance sur le terrain où on la fait monter à cheval.

1.º *Garde à vous ;*

2.º *Reposez* (vos) *Lances.*

Un temps et un mouvement.

23.

Ramener la lance avec la main droite dans la gauche, qui la saisira
sans abandonner les rênes ; passer le bras droit dans la courroie de
la lance, et l'y engager jusqu'au-dessus du coude ; abandonner de
suite la lance de la main gauche et la laisser tomber en arrière, la
main droite se plaçant en même-temps sur le côté.

(Titre II, n.º 218 de l'ordonnance.)

On fera ensuite ajuster les rênes.

24.

1.º *Garde à vous ;*

2.º *Ajustez* (vos) *Rênes.*

(Comme il est dit titre II, n.º 219 de l'ordonnance.)

Après ce mouvement, la troupe sera alignée, comme il est prescrit
par l'ordonnance.

On commandera ensuite :

1.º *Garde à vous ;*

2.º *Portez* (vos) *Lances.*

Un temps et un mouvement.

25.

Chasser la lance en avant par un mouvement du bras droit, la saisir de la main gauche sans quitter les rênes; dégager le bras droit de la courroie; saisir vivement la lance de la main droite à pleine main; la ramener perpendiculairement à la botte, le coude et l'avant-bras serres sur la hampe; la main à la hauteur de la cravate.

OBSERVATIONS.

Ces commandemens seront exécutés d'abord avec lenteur, les officiers ou instructeurs ayant attention de les détailler à haute voix et d'une manière intelligible; ensorte que le lancier, ou la troupe, ne passent jamais d'un mouvement à un autre, sans avoir bien conçu le précédent, et ainsi pour toutes les leçons; il est bien entendu que tout ce qui est prescrit par l'ordonnance du 1.er vendémiaire an 13, sera exécuté en détail, attendu qu'on ne doit s'écarter de ses dispositions que pour les mouvemens relatifs au port et au maniement de la lance, qui se trouve indiqués dans la présente Instruction.

Travail des Lanciers à cheval, avec leurs lances.

OBSERVATIONS.

Cette leçon se rapporte à la cinquième de l'ordonnance, pour ce qui concerne le maniement des armes, la lance emportant seule la différence des temps et mouvemens.

La leçon du maniement de la lance ne pouvant se donner, pour les détails, qu'à rangs et à files ouverts, il demeurera de principe, que dans le cas où l'ordre serait donné à un régiment rassemblé, de s'exercer aux différens temps du maniement de la lance, cet ordre sera transmis par la sonnerie indiquée, ainsi qu'il est dit pour l'exercice à pied.

A ce signal, chacun des commandans de pelotons se portera en avant, en arrière ou à droite, par les commandemens prescrits dans l'ordonnance, en observant toutefois d'attendre, pour rompe ou déboîter de la ligne du regiment, que le peloton de leur droite soit à environ vingt pas de distance, de quelque côté que son mouvement ait été dirigé.

Les commandans de pelotons, pour rompre ou déboîter, se confor-

(45)

meront à ce qui est prescrit à la cinquième leçon, n.º 243 de l'ordonnance.

(*Voyez* aussi les n.ºˢ 433, 444, 446, 450 et 462, titre III de l'ordonnance.)

Chacun d'eux arrêtera et alignera son peloton sur le terrain où il
voudra l'exercer par les commandemens que prescrit l'ordonnance.

26.

On commandera ensuite :

   1.º *Garde à vous ;*

   2.º *En arrière ;* — *Ouvrez vos rangs ;*

   3.º *Marche ;*

   4.º *Alignement ;*

   5.º *Fixe.*

(*Voyez* le n.º 259 de l'ordonnance.)

27.

Les rangs étant ouverts, on commandera :

   1.º *Garde à vous ;*

   2.º *Par la gauche* (ou par la droite) ; — *Prenez
vos distances ;*

   3.º *Marche.*

Au second commandement, si c'est *par la gauche*, le lancier de la
gauche de chaque rang fera à gauche, plaçant son cheval de manière
que la croupe soit à hauteur du milieu de l'encolure du cheval qui
était à sa droite.

(Titre II, n.º 238 de l'ordonnance.)

Au troisième commandement, le lancier de gauche se portera en
avant ; il sera suivi par tous les lanciers du rang, qui se mettront en
mouvement par un à gauche (*Titre II, n.º 132 de l'ordonnance*), et
se porteront ensuite en file, derrière le premier ; à l'instant où ce
mouvement se prolongeant sur tout le front du rang, parviendra au
deuxième homme de la droite, il l'exécutera de même, suivra la file

environ trois pas, et se remettra face en tête par un à-droite, s'alignant sur le premier homme du rang qui doit rester en place : le n.º 3, ayant attention de regarder en arrière, fera front à environ trois pas du n.º 2, et s'alignera de suite. Tous les autres lanciers du rang exécuteront ce qui aura été fait par le n.º 3, successivement.

OBSERVATIONS.

Dans ce mouvement, les cavaliers doivent avoir attention, après avoir fait leur à-gauche, de diriger leurs chevaux à gauche, afin qu'en exécutant leur à-droite pour faire front, ils puissent déterminer les épaules de leurs chevaux sur un quart de cercle d'environ deux à trois pas, et qu'ils ne soient pas forcés de dépasser la ligne sur laquelle le premier rang du peloton avait été établi ; par ce moyen ils devront se trouver en ligne à environ cinq pas les uns des autres.

Après le commandement *Marche*, le commandant du peloton se portera de suite à la droite de son peloton et à environ un pas de l'homme de droite du premier rang ; il établira correctement l'alignement du second rang, et commandera *fixe*. A ce commandement, toutes les têtes qui doivent rester fixées à droite jusqu'à la fin du mouvement, se replaceront comme il est prescrit au commandement *tête directe* (n.º 112 de l'ordonnance), et le lancier se maintiendra comme il est dit au titre II, n.ºs 117, 177, 178, 218 et siuvans.

Le chef de peloton commandera :

1.º *Garde à vous ;*

2.º *Croisez* (vos) *Lances.*

Un temps et un mouvement.

28.

Elever la lance légèrement, pour la dégager de la botte ; baisser la pointe en la portant en avant, de manière à ce que la hampe reste collée au coude, et se trouve horizontalement placée à environ 54 millimètres [2 pouces] au-dessous du téton droit ; la lance bien soutenue sous le bras, le pouce alongé sur la hampe ; les doigts fermés ; le bout de la lance en arrière, élevé à environ un pied au-dessus de la croupe du cheval.

OBSERVATIONS.

La lance ainsi placée, la pointe doit dépasser la tête du cheval, et se trouver à-peu-près à la hauteur des oreilles d'un cheval d'encolure ordinaire, de manière qu'en pointant en avant, elle arrive un peu au-dessous de la poitrine du cavalier ennemi.

Lorsque les rangs seront serrés, à la dernière syllabe du commandement, le second rang exécutera le même mouvement, à la différence seulement que la lance, au lieu d'être placée horizontalement, sera baissée de manière à ce que la pointe se trouve à la hauteur de la sommité des bonnets ou des casques des lanciers du premier rang.

En avant ; — Pointez.

Un temps et deux mouvemens.

29.

1.° Porter le coude du bras droit en arrière , le bras demi-tendu conservant la position horizontale de la lance, dont la pointe doit se trouver ramenée un peu au-dessous du téton droit.

2.° S'enlever légèrement sur les étriers, en portant le haut du corps en avant ; chasser la lance avec force, en la passant près de l'oreille droite du cheval, et ajuster droit, de manière à pointer un peu au-dessus de la ceinture ; ramener de suite la lance dans la position des lances croisées, en reprenant la position ordinaire du lancier à cheval.

En arrière à droite ; — Lances.

Un temps et deux mouvemens.

30.

1.° Elever la pointe de la lance au-dessus de la tête du cheval , de manière que le fer se trouve à la hauteur et vis-à-vis l'œil gauche du lancier.

2.° Tourner la lance entre le pouce et le premier doigt de la main, les trois autres fermés, de manière à ce que la pointe décrive un demi-cercle , la lance rasant la cuisse et la jambe droite, et venant se placer de suite horizontalement sous le bras droit, dans la position des lances croisées , la pointe en arrière ; serrer la hampe de la lance sous l'aisselle, l'abandonner de la main droite qui se trouve renversée, pour la ressaisir de suite, le pouce en dessus, les doigts fermés, comme il est prescrit au commandement *Croisez — Lances*.

En arrière ; — Pointez.

Un temps et deux mouvemens.

31.

1.º Etendre le bras droit en avant de toute sa longueur, de manière que la main se trouve à la hauteur du menton ; tourner la tête à droite.

2.º Retirer le bras en arrière, en chassant la lance avec force, dirigeant la pointe en ligne droite à la hauteur de la ceinture* ; ramener de suite la lance sous le bras, à la position indiquée au mouvement *Croisez — Lances*.

En arrière à droite ; — Pointez.

Un temps et deux mouvemens.

32.

1.º Etendre le bras droit en avant de toute sa longueur, de manière que la main se trouve à la hauteur de la cravate, le bout de la lance à gauche ; tourner la tête légérement à droite.

2.º Retirer le bras en arrière, en chassant la lance avec force, dirigeant la pointe à droite diagonalement et à hauteur de ceinture ; après avoir pointé, ramener de suite la lance sous le bras, à la position des lances croisées.

En arrière à gauche ; — Lances.

Un temps et deux mouvemens.

33.

1.º Elever le bout de la lance au-dessus de la tête du cheval, de manière qu'il réponde à la ligne de l'œil gauche du lancier.

2.º Tourner la lance de manière à lui faire parcourir l'étendue du cercle, la pointe passant devant le corps du lancier et la hampe venant se placer dans le pli du bras gauche, le corps restant droit, le

---

* Si on combattait contre de l'infanterie, il faudrait diriger la lance vers la poitrine de l'homme.

bout de la lance au-dessus de la tête du cheval, la pointe en arrière un peu plus basse, se dirigeant au-dessus de la ceinture d'un homme à cheval.

En arrière à gauche ; — Pointez.

Un temps et deux mouvemens.

34.

1.º Etendre le bras droit en avant de toute sa longueur, la main à la hauteur du menton, la lance appuyée légèrement sur l'avant-bras gauche près du pli du coude ; tourner la tête à gauche.

2.º Chasser avec force la lance en arrière, en la dirigeant toujours un peu au-dessus de la ceinture de l'homme à cheval ; ramener de suite la lance dans la position indiquée au mouvement *En arrière à gauche, lances*, le poignet droit rapproché du creux de l'estomac, la main gauche ne quittant point la position de la main de la bride.

En avant ; — Lances.

Un temps et un mouvement.

35.

Elever la lance de la main droite, le bras tendu au-dessus de la tête ; tenir la lance à pleine main ; la tourner rapidement à droite, de manière à lui faire parcourir un cercle et demi, ramenant la pointe en avant, et la replacer de suite comme au mouvement de *Croisez vos lances.*

Par moulinet en arrière à gauche ; — Lances.

Un temps et un mouvement.

36.

Diriger la pointe de la lance un peu à droite, la saisir entre les deux premiers doigts de la main ; l'élever au-dessus de la tête, de toute la longueur du bras ; la tourner rapidement, de manière à lui faire parcourir un cercle et demi ; la saisir de suite à pleine main, les doigts fermés, et la placer dans le pli du coude du bras gauche, comme il est expliqué au mouvement *En arrière à gauche, lances,* n.º 33 de la présente Instruction.

En avant ; — Lances.

Un temps et un mouvement.

37.

(Comme au n.º 35 de la présente Instruction.)

Parez à gauche — et à droite ; Pointez.

Un temps et quatre mouvemens.

38.

1.º Elever la pointe de la lance à environ trois pouces au-dessus de la ligne horizontale de la tête, et un peu à droite.

2.º Descendre avec force la lance, en rasant le dessus de l'encolure du cheval, poussant la pointe à gauche, de manière à assener un fort coup sur l'arme, la tête ou la poitrine de l'homme à pied, parer horizontalement, si c'est un cavalier, et ramener la lance de suite sous le bras droit.

3.º Porter le coude du bras droit en arrière, le bras demi-tendu, conservant la position horizontale de la lance, dont la pointe doit se trouver un peu au-dessus du téton droit.

4.º S'enlever légèrement sur les étriers, en portant le haut du corps en avant ; chasser la lance avec force ; ajuster le coup à droite diagonalement à la poitrine de l'homme à pied, et un peu au-dessus de la ceinture du cavalier ; ramener ensuite la lance comme au second mouvement.

Parez à droite — et à gauche ; Pointez.

Un temps et quatre mouvemens.

39.

1.º Elever la pointe de la lance, de manière qu'elle se trouve à environ 81 millimètres [3 pouces] au-dessus de la ligne horizontale de la tête, et un peu à gauche.

2.º Descendre brusquement la lance en la passant au-dessus de l'encolure, la poussant à droite de manière à assener un fort coup de son travers sur l'arme, la tête ou la poitrine de l'homme à pied, et la ramener sous le bras droit.

3.º Porter le coude du bras droit en arrière, le bras demi-tendu, conservant la position horizontale de la lance, la pointe au-dessus du téton droit, dirigée à gauche.

4.º S'enlever légèrement sur les étriers, portant le haut du corps en avant; lancer vivement le coup à gauche de l'encolure du cheval, et ramener ensuite la lance à la position des *Lances croisées.*

Parez à droite et à gauche — et en avant; Pointez.

Uu temps et quatre mouvemens.

40.

1.º Elever légérement la pointe de la lance en la portant un peu à gauche.

2.º Chasser vivement la lance de gauche à droite, en la passant horizontalement par-dessus l'encolure du cheval; la ramener brusquement de droite à gauche pour assener le coup de travers, et la replacer sous le bras droit.

3.º S'enlever sur les étriers et pousser la pointe de la lance en avant, de manière à percer la poitrine, si c'est un homme à pied, ou au ventre si c'est un cavalier.

4.º Se mettre en selle en ramenant la lance à la position des lances croisées.

OBSERVATIONS GÉNÉRALES.

On suppose un lancier en tirailleur ou engagé seul; les mouvemens qui viennent d'être prescrits, ont pour objet de lui donner les moyens de se défendre, ainsi qu'il suit :

S'il est attaqué à sa gauche par un homme à pied, il doit lui-même l'attaquer, soit par un coup de pointe, soit par un coup du travers de sa lance, qu'il fera passer du haut en bas par-dessus l'encolure de son cheval, de manière à parer les coups qui lui seraient portés, et, s'il est possible, à atteindre son ennemi à la tête ou vers la poitrine. Ce coup de travers doit être immédiatement suivi d'un vigoureux coup de pointe; cette défense est indiquée dans le n.º 38 ci-dessus, et détaillée par les mouvemens 1, 2, 3 et 4: ce dernier mouvement est le coup de pointe dont il s'agit.

Il est essentiel qu'en s'élevant sur les étriers, comme il est dit au quatrième mouvement, le lancier ne perde point l'équilibre et ne dérange point son assiette par suite de l'élan qu'il est obligé de donner à sa lance, l'homme à pied pouvant tenter de le désarçonner, en l'enlevant par le pied ou la jambe gauche.

Dans la supposition où il serait attaqué par sa droite, le lancier doit d'abord parer les coups dirigés contre lui, et même tenter d'assommer son ennemi par le coup de revers de gauche à droite indiqué aux mouvemens 1 et 2. Ce coup doit être aussitôt suivi d'un coup de pointe dirigé a la poitrine et de la manière prescrite aux mouvemens 3 et 4 du n.º 35 de cette Instruction.

Pour que le coup arrive à la hauteur de la poitrine d'un homme à pied, il est reconnu que le bois de la lance doit passer à côté de la narine du cheval du lancier.

Si le lancier est attaqué par des cavaliers, il parera les coups qui lui seront portés, par un mouvement horizontal de sa lance, et portera de suite son coup de pointe, ajustant un peu au-dessus de la ceinture.

Dans le mouvement horizontal et circulaire de la lance, il est indispensable que le lancier ait l'attention de ne jamais abandonner sa lance de l'avant-bras, le coude devant, dans ces mouvemens, rester presque continuellement collé à sa hampe.

Portez (vos) Lances.

Un temps et un mouvement.

41.

Redresser la lance ; placer le bout dans la botte de l'étrier, la main droite la tenant à hauteur de la cravate.

OBSERVATIONS.

Après avoir ainsi travaillé à tous les mouvemens de la lance, soit pour se défendre, soit pour attaquer, il sera nécessaire de reformer les pelotons ou divisions, avant de passer à aucun autre travail.

On commandera :

1.º *Garde à vous ;*

2.º *A droite* (ou à gauche) ; — *Serrez vos files ;*

3.º *Marche.*

42.

Au second commandement, si c'est à droite, chaque lancier rassemblera son cheval, en assurant la main de la bride, tenant les jambes près sans les fermer, et se grandissant du haut du corps.

Au commandement *Marche*, porter la main de la bride environ 162 millimètres [six pouces] en avant, en la soutenant à droite, les ongles un peu tournés, les deux rênes égales, l'épaule du cheval étant déterminée; fermer la jambe droite et avoir la main légère, proportionnellement au mouvement du cheval. Après avoir exécuté un quart d'à-droite (*voyez* n.° 132 de l'ordonnance) les lanciers se porteront en avant, fermant les deux jambes plus ou moins, et baissant un peu le poignet pour arriver, en exécutant un à-gauche par les moyens contraires, à la gauche du lancier qui se trouve à la droite dans le rang ; ils observeront de fermer la jambe de son côté assez à temps pour empêcher leurs chevaux de presser le sien ou de tomber dessus.

OBSERVATIONS.

Dans ce mouvement, les lanciers doivent avoir attention, après avoir exécuté leur *à-droite*, de diriger leurs chevaux un peu à droite, afin qu'en exécutant leur à-gauche pour faire front, ils puissent arriver sur la ligne du rang sans le dépasser , comme il est dit au n.° 27 de cette Instruction.

Pendant la durée du même mouvement, le commandant du peloton et le serre-file se porteront, l'un à la droite du premier rang, et l'autre à la droite du second rang pour rectifier l'alignement.

On fera ensuie serrer les rangs ainsi qu'il suit :

1.° *Garde à vous ;*

2.° *Serrez vos rangs ;*

3.° *Marche ;*

4.° *A droite ; — Alignement ;*

5.° *Fixe.*

(Conformément à ce qui est prescrit au n.° 281, titre II, planche 58 de l'ordonnance.)

43.

Au commandement *Marche*, le deuxième rang serrera sur le premier, à deux tiers de mètre [2 pieds] de distance; puis il s'alignera au quatrième commandement, et replacera les têtes directes au cinquième.

TITRE III.

Des Tirailleurs.

(Titre III , n.º 495 de l'ordonnance.)

L'escadron ou régiment étant en bataille, on commandera :

1.º *Garde à vous ;*

2.º 4.ᵉ (ou 1.ᵉʳ) *Peloton — en Tirailleurs ;*

3.º *Marche ;*

(*Voir* la planche n.º 99 de l'ordonnance.)

44.

Au commandement *Marche*, le peloton indiqué se portera dix pas
en avant, et les lanciers se disposeront en tirailleurs ; ils s'étendront
de manière à couvrir la totalité du front de l'escadron ou du régiment
(et dans ce dernier cas ils seront plus nombreux), en débordant les
ailes ; le premier lancier de droite du premier rang se portera à 60 pas
en avant, en croisant la lance ; le lancier de droite du second rang
qui se trouvait immédiatement derrière le premier, se portera à sa
gauche et sur le même alignement, ayant également croisé la lance
de lui-même, en se portant en avant ; ainsi de suite des autres.

45.

Lorsque l'escadron se portera en avant, on sonnera la marche
(*n.º 496 de l'ordonnance*), et les lanciers tirailleurs marcheront droit
devant eux.

Lorsqu'on sonnera un appel, les tirailleurs s'arrêteront et observeront tous les mouvemens de l'escadron pour s'y conformer : s'il
tourne à droite (*voyez* planche 100), les tirailleurs feront *par cavalier
à droite*, pour venir se placer devant le front, et porteront la lance
jusqu'à ce qu'ils y soient arrivés ; si l'escadron tourne à gauche, les
lanciers feront *par cavalier à gauche*, en redressant leur lance ; enfin,
si l'escadron marche en arrière (*planche* 101), on sonnera la retraite,
et les tirailleurs l'exécuteront en échiquier, ainsi qu'il suit.

Tous les tirailleurs qui étaient du premier rang, feront demi tour

.à gauche par cavalier ; aussitôt, et en se portant en arrière, ils exécuteront le mouvement *En arrière à droite, lances* (n.º 3o de la présente Instruction); après avoir marché 5o pas, ils feront demi-tour
à droite par cavalier pour se remettre, et croiseront la lance en avant,
comme au premier mouvement: tous les tirailleurs qui étaient du second rang, feront alors leur demi-tour à gauche par cavalier, pour
venir se placer à 5o pas en arrière de ceux qui seront déjà formés, en
exécutant les divers mouvemens de la lance qui viennent d'être prescrits ; et ainsi de suite, tant que l'escadron marchera en arrière.

46.

Lorsque l'escadron se remettra dans son ordre naturel, en sonnera
un appel, les tirailleurs s'arrêteront et se reformeront sur une même
ligne.

(Le surplus comme aux n.ᵒˢ 497, 498 et 499 de l'ordonnance.)

OBSERVATIONS.

Chaque régiment de lanciers ayant par compagnie un nombre déterminé d'hommes armés de carabines, on les emploiera spécialement
au service de tirailleurs. On choisira à cet effet des hommes fermes
et intelligens, qui seront instruits particulièrement à ce service; on
ne leur adjoindra des lanciers que dans le cas où ils paraîtraient in ·
suffisans, ou que le nombre des tirailleurs devrait être augmenté,
d'après les circonstances. En conséquence, les chevau-légers, armés
de carabines, formeront un peloton de réserve qui sera placé à vingt
pas en arrière du centre du régiment; et dans ce cas les trompettes se
porteront à la même distance de vingt pas derrière l'intervalle du
premier au deuxième escadron.

Le commandant du régiment désignera des officiers et sous-officiers
pour commander le peloton de réserve.

Toutes les fois que ce peloton devra se porter en avant sur le front
du régiment, il se rompra par quatre et passera par l'intervalle du
deuxième au troisième escadron pour se mettre en ligne , comme il
a été dit à l'article 44 ci-dessus.

Les lanciers qui se portent en tirailleurs, après avoir croisé la
lance, pourront la placer ainsi dans la main gauche, légérement renversée, sans quitter les rênes ; de la main droite ils prendront le pis-

tolet pour faire feu, et le remettront de suite dans la fonte, ou le laisseront pendre à la courroie, pour reprendre leur lance de la même main.

Mettre pied à terre.

(N.º 172 de l'ordonnance.)

Les lanciers étant sur deux rangs, on commandera :

1.º *Garde à vous ;*

2.º *Préparez-vous — pour mettre pied à terre.*

Un temps et trois mouvemens.

47.

A la première partie du commandement, ainsi exprimée, *Préparez pour mettre,* les nombres 1 et 3 du premier rang se porteront en avant de la longueur de quatre pas, et s'aligneront correctement à droite ; les nombres 2 et 4 du second rang reculeront leurs chevaux d'une égale longueur de quatre pas, s'alignant aussi à droite : lorsque les deux rangs en formeront quatre bien alignés, les lanciers retireront le bout de leurs lances de la botte de l'étrier, et le placeront sur le pied droit.

1.º A la seconde partie du commandement, ainsi exprimée et vivement, *Pied à terre,* élever la lance de la main droite, la passer perpendiculairement par-dessus l'encolure du cheval ; en engager le bout entre les rênes et l'encolure, sous la main gauche, sans la descendre.

2.º Laisser glisser la lance elle-même dans la main droite, de manière à ce que le bout arrive à terre et se trouve placé à 487 millimètres [un pied et demi] en avant du pied montoir du cheval.

3.º Abandonner la lance de la main droite pour la placer dans la gauche, qui saisira en même-temps une poignée du crin sans abandonner les rênes ; placer la main droite sur la fonte droite, le pouce en dehors, les quatre doigts en dedans, et déchausser l'étrier droit.

Pied à terre.

Un temps et deux mouvemens.

48.

1.º S'enlever sur l'étrier gauche, passer la jambe droite tendue,

.par-dessus la croupe du cheval, sans la toucher; en rapportant la main droite sur la palette de la selle; descendre légérement à terre le corps droit, les deux talons rapprochés et sur la même ligne; de la main droite passer le bout du fouet des rênes dans le côté montoir de la courroie de guindage, d'environ 162 millimètres [6 pouces] pour éviter les accidens.

2.º Abandonner les rênes et les crins de la main gauche; faire un à-gauche sur le talon gauche, en élevant un peu la pointe des pieds ainsi que la lance; faire deux pas en avant en partant du pied gauche, de manière à se trouver à la position *avant de monter à cheval;* saisir de suite, de la main droite, les rênes à 162 millimètres [6 pouces] de la bouche du cheval, les ongles en dessous, la lance dans la main gauche, comme il est dit au n.º 18.

Reprenez (vos) Rangs.

Un temps et un mouvement.

49.

Les nombres 1 et 3 de chaque rang élèveront un peu la main droite pour empêcher leurs chevaux de ruer, et les nombres 2 et 4 rentreront dans les intervalles de leurs rangs, comme il est dit au n.º 174 de l'ordonnance, et s'aligneront à droite au commandement qui en sera fait.

Défiler par la droite.

1.º *Garde à vous ;*
2.º *Par la droite ; — Défilez.*

Un temps et trois mouvemens.

50.

A la première partie du commandement, ainsi exprimée, *par la droite,* porter le pied droit en avant du gauche, de manière que le talon droit soit vis-à-vis et à 162 millimètres [6 pouces] du coudepied gauche, la main gauche élevant la lance de terre, d'environ 81 millimètres [3 pouces.]

1.º A la seconde partie du commandement *Défilez,* faire un quart d'à-droite sur la pointe du pied droit, en rapportant le pied gauche à côté du droit, pour se placer en file, les uns derrière les autres ; replacer la lance à la pointe du pied gauche.

2.º Abandonner la lance de la main gauche, la laisser tomber dans le pli du coude du bras gauche ; se servir des deux mains pour décrocher la gourmete et déboucler la muserolle ; resaisir de suite de la main droite les rênes à 162 millimètres [6 pouces] de la bouche du cheval pour le contenir.

3.º Saisir de la main gauche la lance à hauteur de la cravate.

Marche.

5i.

A ce commandement, abandonner la lance de la main gauche ; la laisser tomber dans le pli de l'épaule, la resaisir avec la même main à environ deux tiers de mètre [2 pieds] du bout, la main renversée, de manière que les doigts soient en dessous et le pouce en dessus de la hampe ; l'élever de suite à environ 162 millimètres [6 pouces] de terre, et partir du pied gauche, sans quitter les rênes.

Défiler par la gauche.

52.

On commandera :

1.º *Garde à vous ;*

2.º *Par la gauche ; — Défilez.*

Un temps et trois mouvemens.

A la première partie du commandement, *par la gauche,* porter le pied droit en avant du gauche, de manière que le talon droit soit vis-à-vis et à 162 millimètres [6 pouces] du coude-pied gauche ; la main gauche élevant la lance de terre, d'environ 81 millimètres [3 pouces.]

1.º A la deuxième partie du commandement *Défilez,* faire un demi-tour à droite sur la pointe du pied droit ; joindre de suite les deux talons et replacer la lance à côté de la pointe du pied gauche, faisant face au cheval.

2.º Abandonner la lance de la main gauche pour la laisser tomber dans le pli du coude du bras gauche ; se servir des deux mains pour décrocher la gourmete et déboucler la muscrolle ; saisir ensuite de la main gauche les rênes à 162 millimètres [6 pouces] de la bouche du cheval pour le contenir.

3.º Saisir la lance de la main droite, la rapporter, le bout à côté de la pointe du pied droit, la main à hauteur de la cravate ; faire un à-droite sur le talon gauche, en élevant la pointe des pieds ; se placer correctement en file les uns derrière les autres, la main droite plaçant toujours la lance à la position qui vient d'être prescrite.

Marche.

53.

A ce commandement, abandonner la lance de la main droite, la laisser tomber dans le pli de l'épaule ; la resaisir avec la même main à environ deux tiers de mètre [2 pieds] du bout ; la main renversée de manière que les doigts soient en dessous et le pouce en dessus de la hampe ; l'élever de suite à environ 162 millimètres [6 pouces] de terre, et partir du pied gauche.

OBSERVATIONS.

La lance ne permettant pas, après avoir marché deux pas, de faire le demi-tour à gauche prescrit au dernier alinéa du n.º 142 de l'or-donnance, les chevaux seront conduits de la main gauche ; mais ce mouvement n'étant point d'aussi facile exécution que celui de *défiler* par la *droite*, ne sera pratiqué que pour l'instruction, afin que la troupe puisse s'en servir toutes les fois que quelque obstacle l'empê-chera de défiler par sa droite : dans ce cas, il ne faudra jamais omettre de faire placer les sabres aux crochets des ceinturons, afin d'éviter d'en briser les fourreaux entre les pieds des chevaux.

TITRE IV.

Des Manœuvres.

54.

Les manœuvres des régimens de chevau-légers seront en tout celles fixées par l'ordonnance du 1.er vendémiaire an 13 pour toute la cavalerie.

Dans le cas de la marche en ligne dont les principes sont détaillés à la dix-septième manœuvre, comme dans toute autre marche en bataille, le commandant du régiment pourra faire croiser les lances, comme il est dit au n.° 28 de cette Instruction ; alors le second rang exécutera ce mouvement comme il est dit à l'observation faisant suite au même numéro.

55.

Il est de principe que lorsqu'on arrêtera un régiment marchant ainsi les lances croisées, tous les lanciers porteront la lance, comme il est prescrit au n.° 41, au commandement *Halte.*

56.

Dans le cas où le commandant d'un escadron ou d'un régiment marchant en ligne ou en bataille les lances croisées, voudrait lui faire gagner du terrain sur l'un de ses flancs ou le porter en arrière, chaque lancier, à la dernière syllabe du commandement préparatoire, portera sa lance comme il vient d'être prescrit.

57.

Dans le cas d'une marche en bataille, et après le demi-tour à droite par quatre exécuté, le premier rang, qui se trouvera alors le second, exécutera avec la lance le mouvemeut prescrit au n.° 30 de cette Instruction, afin d'en présenter la pointe en arrière à l'ennemi.

Lorsqu'on voudra reformer le régiment dans son ordre naturel, la lance sera portée à la dernière syllabe du commandement préparatoire.

58.

Dans toutes les autres manœuvres, ou lorsqu'il s'agira de rompre, d'une manière quelconque, un régiment se trouvant en bataille les lances croisées, on aura attention des les faire porter par les commandemens indiqués.

A Paris, le 24 Septembre 1811.

Le Ministre de la Guerre,
Duc DE FELTRE.

A MELUN, DE L'IMPRIMERIE DE MICHELIN.

ARTICLE II.

ÉCOLE DU CAVALIER A CHEVAL.

PREMIÈRE LEÇON.

Lᴀ première leçon se donnera, homme par homme, en attachant un instructeur à chaque cavalier, autant que faire se pourra, afin qu'elle soit donnée avec plus de soin.

Cette leçon sera en bridon et en couverte.

Position de l'homme avant de monter à cheval.

113. (*Pl.* 28.) Le cavalier se placera un pas en avant de son cheval, lui tournant le dos ; le bras gauche passé dans les rênes, la droite croisée par-dessus la gauche ; il tiendra les rênes à pleine main, l'extrémité des rênes sortant de la main gauche de la longueur de 162 millimètres [6 pouces] le poignet sur le creux de l'estomac, la main droite sur le côté, les talons sur la même ligne plus ou moins rapprochés, (suivant sa conformation) les pieds un peu moins ouverts que l'équerre, les genoux tendus sans les roidir, le corps d'à-plomb sur les hanches et un peu panché en avant, les épaules effacées et également tombantes, la poitrine saillante, les coudes près du corps, la pomme de la main droite tournée un peu en dehors, le petit doigt le long de la couture de la culotte, la tête droite sans être gênée, le menton rapproché de la cravate sans la couvrir, et les yeux fixés droit devant eux.

Monter à cheval.

On commandera ;

1.º *Garde à vous ;*

2.º *Préparez-vous pour sauter à cheval.*

Un temps et six mouvemens.

114. A la première partie du commandement, faire le simulacre de saisir la carabine, en élevant la main droite à 325 millimètres [1 pied] de distance et à la hauteur de l'épaule droite, les doigts fermés, le

rêne gauche au-dessus du poignet, de manière que les deux pouces se touchent.

2.° Ouvrir la main gauche, laisser couler la rêne jusqu'à ce que les deux poignets se trouvent éloignés de 54 à 81 millimètres [2 ou 3 pouces] la refermer ensuite ; et la rêne étant suffisamment racourcie, replacer les poignets.

On racourcira la rêne droite de la même manière et par le mouvement contraire.

Croisez les Rênes dans la main gauche.

On commandera :

1.° *Garde à vous ;*

2.° *Croisez vos Rênes* (dans la) *main gauche.*

Un temps et deux mouvemens.

120. 1.° Renverser un peu le poignet gauche, passer la rêne droite dans la main gauche, pour la placer sous la rêne gauche, de façon que l'extrémité supérieure de la rêne sorte de la main gauche du côté du petit doigt.

2.° Replacer la main droite sur le côté.

Prendre les Rênes dans les deux mains.

On commandera :

1.° *Garde à vous ;*

2.° *Séparez* (vos) *Rênes.*

Un temps et un mouvement.

121. Saisir la rêne droite de la main droite, en replaçant les poignets à 162 millimètres [6 pouces] l'un de l'autre.

Croisez les Rênes dans la main droite.

On commandera :

1.° *Garde à vous ;*

2.° *Croisez vos Rênes dans la main droite.*

Un temps et deux mouvemens.

122. 1.° Tourner un peu le poignet droit ; passer la rêne gauche dans

la main droite pour la placer sous la rêne droite, de façon que l'extrémité supérieure de la rêne sorte de la main droite, du côté du
petit doigt.

2.º Replacer la main gauche sur le côté.

123. On fera replacer les rênes dans les deux mains au commandement
Séparez (vos) *Rênes ;* ce qui s'exécutera par les mouvemens contraires.

De l'usage des Rênes.

124. Les bras doivent agir sans donner de roideur au corps qui restera
constamment d'à-plomb, le mouvement des bras doit s'étendre depuis
le poignet jusqu'à l'emboîtement du bras dans l'épaule, les rênes
servent de moyen pour faire sentir au cheval la volonté du cavalier,
et leur action doit toujours être d'accord avec celle des jambes.

De l'effet des Rênes.

125. En élevant un peu les poignets, on rassemble son cheval ; en les
élevant davantage, et avec un peu plus force, on l'arrête.

En ouvrant la rêne droite, on détermine son cheval à tourner à droite.

En ouvrant la rêne gauche, on détermine son cheval à tourner à
gauche.

En baissant un peu les poignets, on donne à son cheval la liberté
de se porter en avant.

De l'effet des Jambes.

126. Les jambes doivent se fermer par dégrés ; on doit toujours porpor-
tionner leur effet à la sensibilité du cheval. Elle doivent agir pour le
porter en avant, pour le soutenir, et l'aider à tourner à droite ou à
gauche ; toutes les fois que l'on veut diriger son cheval en avant,
il faut fermer les jambes derrière les sangles , et avoir attention, en
exécutant ce mouvement, de ne point ouvrir ni remonter les genoux ;
le pli doit en être liant ; le cavalier replacera ses jambes par dégrés
comme il a du les fermer.

De l'Eperon.

127. Si le cheval n'obéit point aux jambes, il faudra employer l'éperon,
qui doit être regardé non pas tant comme aide, que comme châtiment,
il ne faudra s'en servir par conséquent que rarement, mais toujours
vigoureusement.

Pour apprendre au cavalier à faire usage de ses éperons,

On commandera :

1.° *Garde à vous ;*

2.° *Pincez (des) deux.*

Un temps et deux mouvemens.

128. 1.° Assurer son corps, sa ceinture et ses poignets ; se lier au cheval des cuisses, des jarrêts et des gras des jambes, et tourner la pointe des pieds un peu en dehors.

2.° Baisser un peu les poignets, appuyer ferme des éperons derrière les sangles , sans faire aucun mouvement du corps, et les y laisser jusqu'à ce que le cheval ait obéi.

Quand le cheval aura obéi, assurer les poignets, et relâcher les jambes.

Dans la leçon de pied ferme, on ne fera point exécuter le second mouvement ; on l'expliquera seulement au cavalier.

Marcher.

On commandera :

1.° *Garde à vous ;*
2.° *Cavalier en avant ;*
3.° *Marche.*

129. Au commandement de *Garde à vous,* se grandir du haut du corps, prendre sa position et prêter toute son attention ; au commandement de *Cavalier en avant,* assurer les poignets et tenir les jambes près, sans les fermer, ce qui s'apelle rassembler son cheval.

Au commandement de *Marche,* fermer les jambes plus ou moins, proportionnellement à la sensibilité du cheval, et baisser un peu les poignets, ce qui s'apelle rendre la main ; le cheval ayant obéi, relâcher les jambes par dégrés, et replacer les poignets.

Ces deux commandemens doivent se suivre de très-près.

Arrêter.

On commandera :

1.° *Garde à vous ;*
2.° *Cavalier ;*
3.° *Halte.*

130. Au commandement de *Garde à vous*, prêter attention, à celui de *cavalier*, soutenir un peu les poignets, et tenir les jambes près pour préparer le cheval à l'arrêt.

Au commandement *Halte*, élever les poignets en les rapprochant du corps sans les arrondir; tenir les jambes près pour empêcher le cheval de reculer, le cheval ayant obéi, diminuer l'effet des mains, et relâcher les jambes; si le cheval n'obéissait pas, le cavalier lui ferait sentir successivement l'effet de chaque rêne, suivant la sensibilité du cheval, ce qui s'appele scier du bridon.

Reculer.

On commandera :

   1.° *Garde à vous ;*

   2.° *Cavalier en arrière ;*

   3.° *Marche.*

131. Au commandement *Cavalier en arrière*, rassembler son cheval ; au commandement *Marche*, assurer le corps, élever les poignets et tenir les jambes près dès que le cheval a obéi, baisser et élever successivement les poignets; ce qui s'appelle arrêter et rendre; si le cheval jette les hanches à droite, fermer la jambe droite, s'il les jette à gauche, fermer la jambe gauche, si ce moyen ne suffit pas pour remettre le cheval droit, porter les poignets du côté où le cheval jette ses hanches, ce qui s'appelle opposer les épaules aux hanches.

Tourner à droite.

On commandera :

   1.° *Garde à vous ;*

   2.° *Par cavalier à droite ;*

   3.° *Marche .*

132. (*Pl. 30 Fig. 91.*) Au commandement *Par Cavalier à droite,* rassembler son cheval.

Au commandement *Marche*, ouvrir la rêne droite, et fermer progressivement la jambe droite, le mouvement presque fini, diminuer l'effet de la rêne droite et de la jambe droite, en soutenant de la rêne gauche et de la jambe gauche, pour terminer le mouvement, et afin de ne point tourner le cheval trop court, on déterminera ses épaules, sur un quart de cercle, d'environ 2 à 3 pas.

Au commandement *Garde à vous ; Cavalier halte*, replacer les poignets et les jambes.

Touner à gauche.

133. Mêmes principes, en employant les moyens contraires.

Demi-tour à droite.

On commandera :

1.° *Garde à vous ;*

2.° *Par Cavalier, demi-tour à droite ;*

3.° *Marche.*

134. (*Pl.* 30, *Fig.* 2.) Au second commandement, rassembler son cheval ; au commandement, *Marche*, ouvrir la rêne droite en fermant progressivement la jambe droite, et faire parcourir au cheval un demi cercle d'environ cinq pas sur la ligne des épaules ; le mouvement presque fini, diminuer l'effet de la rêne droite et de la jambe droite, en soutenant de la rêne gauche et de la jambe gauche pour terminer le mouvement.

Au commandement de *Garde à vous :* Cavalier, *Halte :* replacer les poignets et les jambes.

Demi-tour à gauche.

135. Mêmes principes, en employant les moyens contraires.

Descendre de cheval en couverte.

On commandera :

1.° *Garde à vous.*

2.° *Préparez-vous — pour sauter (à) terre ;*
Un temps et deux mouvemens.

136. A la première partie du commandement, *Croisez les deux Rênes dans la main gauche*, en reportant la droite sur le côté ; faire le mouvement de saisir la carabine, l'élever ensuite à hauteur et à 325 millimètres [1 pied] de distance de l'épaule droite.

1.° A la seconde partie du commandement, faire le mouvement de

. jeter la carabine par-dessus l'épaule ; empoigner les crins avec les quatre doigts de la main gauche, bien fermée, le pouce allongé sur la seconde jointure du premier doigt.

2.º Placer la main droite sur le gârot, le pouce à gauche, les quatre doigts en dehors.

Sautez (à) *terre.*
Un temps et trois mouvemens.

137. 1.º S'enlever légérement sur les deux poignets, passer la jambe droite tendue par-dessus la croupe du cheval sans la toucher, rapporter la cuisse droite près de la gauche, le corps droit et bien soutenu.

2.º Sauter légérement à terre sur la pointe des pieds en pliant un peu les genoux ; saisir les rênes de la main gauche à 162 millimètres (6 pouces) de la bouche du cheval, les ongles en dessus, la main droite restant sur le gârot.

3.º Faire deux pas en partant du pied gauche, et un à-droite sur la pointe du pied droit, pour se trouver vis-à-vis la tête du cheval ; passer les rênes par-dessus la tête du cheval, en commençant par dégager l'oreille droite.

Front.

138. A ce commandement, faire demi - tour à droite, en tournant le dos à son cheval ; la main gauche tenant les rênes par le bout, et se plaçant sur le creux de l'estomac, la main droite sur le côté, après avoir fait le geste de rabattre la carabine.

OBSERVATIONS.

139. Lorsqu'on fera mettre pied à terre aux cavaliers dans les manèges, pour leur apprendre à se soutenir sur leurs poignets, on les préviendra qu'ils resteront sur le premier mouvement, d'où on leur fera reprendre la position de l'homme à cheval, en leur commandant *à cheval.*

Lorsqu'ils sauront bien exécuter ce mouvement du côté gauche, on pourra les faire sauter à droite ; ce qui s'exécutera par les mouvemens contraires.

140. Lorsque les cavaliers sauront bien exécuter à droite et à gauche le premier mouvement de *Sautez à terre,* on leur fera exécuter de suite les deux premiers mouvemens, puis resauter à cheval également à droite et à gauche.

⁎⁎

Défiler par la droite, et ramener les Chevaux à l'Ecurie ;

On commandera :

1.° *Garde à vous ;*

2.° *Par la droite ; — Défilez.*

Un temps et cinq mouvemens.

141. A la première partie du commandement, élever la main droite à hauteur et à 325 millimètres (1 pied) de distance de l'épaule, les doigts fermés, le pouce un peu en avant, comme si on tenait la carabine ; porter en même-temps le pied droit en avant du gauche, de manière que le talon droit soit vis-à-vis et à 162 millimètres (6 pouces) du coude-pied gauche.

1.° A la seconde partie du commandement, faire demi-tour à gauche, en levant un peu la pointe des pieds.

2.° Faire le geste de jeter la carabine par-dessus l'épaule ; laisser tomber les rênes sur le bras gauche ; faire le mouvement de décrocher la gourmete, et de déserrer la muserole, saisissant ensuite de la main gauche le montant gauche du bridon pour contenir le cheval.

3.° Saisir de la main droite les rênes à 162 millimètres (6 pouces) de la bouche du cheval, les ongles en dessus.

4.° Rapprocher la main gauche de la droite, la passer entre les rênes pour la dégager, saisissant au-dessous de la main droite les rênes avec la main gauche, qu'on laissera couler jusqu'au bout, les ongles en dessous.

5.° Faire un à-gauche, en rapportant la main gauche sur le côté, sans quitter les rênes.

Marche.

A ce commandement, baisser la main gauche, et faire le mouvement de relever le sabre, sans quitter les rênes en partant du pied gauche.

Défiler par la gauche.

On commandera :

1.° *Garde à vous ;*

2.° *Par la gauche ; — Défilez.*

Un temps et cinq mouvemens.

142. 1.º A la première partie du commandement, élever la main droite à hauteur de 325 millimètres (1 pied) de distance de l'épaule ; les doigts fermés, le pouce un peu en avant, comme si on tenait la carabine, porter en même-temps le pied droit en avant du gauche, de manière que le talon droit soit vis-à-vis et à 162 millimètres (6 pouces) du coude-pied gauche.

2.º A la seconde partie du commandement, faire demi-tour à gauche en élevant un peu la pointe des pieds.

3.º Faire le geste de jeter la carabine par-dessus l'épaule, laisser tomber les rênes sur le bras gauche, faire le mouvement de décrocher la gourmete et de déserrer la muserole, saisissant ensuite de la main gauche le montant gauche du bridon pour contenir le cheval.

4.º Saisir le bout des rênes de la main droite sur le bras gauche.

5.º Rapporter la main gauche près la droite, en la dégageant des rênes ; les saisir de la main gauche, à 162 millimètres (6 pouces) au-dessus de la bouche du cheval, les ongles en dessus.

6.º Faire un à-droite ; laisser tomber la main droite sur le côté, sans quitter les rênes.

Marche.

A ce commandement, partir du pied gauche ; après avoir marché deux pas, faire demi-tour à gauche et changer les rênes de main, afin de pouvoir prendre le sabre avec la main gauche entre les deux belières et le lever, la poignée à hauteur de la hanche gauche.

143. Après avoir été disposé à défiler par la droite, c'est-à-dire, après que le 5.e mouvemement a été opéré, si l'on veut faire front, il s'exécutera par trois à-droite ; au premier à-droite, saisir le bout des rênes avec la main droite ; au second passer le bras gauche dans les rênes avec la main droite, ainsi qu'il a été dit ; au troisième qui remet face en tête, la main gauche saisit les rênes au-dessous de la droite, et se place sur le creux de l'estomac, comme avant de monter à cheval, et faire le geste pour rabattre la carabine, et placer la main droite sur le côté.

Après les cinq mouvemens pour défiler par la gauche, un seul à droite suffit pour faire front ; abandonnant les rênes de la main gauche, la passant entre les rênes, les saisissant au bout, et la plaçant sur le creux de l'estomac, faire le geste de rabattre la carabine, et placer la main droite sur le côté.

OBSERVATIONS.

144. En menant les chevaux à l'écurie, il faut tenir la main haute pour les empêcher de sauter.

A MELUN, DE L'IMPRIMERIE DE MICHELIN.